"中华元典引读丛书"出版委员会

主　任：谢清溪

副主任：纪庆芳　展文婕

委　员（以姓氏笔画为序）：

马　博　仝一帆　阮林要　李亚涛

时　海　陈建恩　郑　鑫　胡玲霞

姜　畅　高枫叶　谌洪波

孟子引读

何晓明 著

河南大学出版社
HENAN UNIVERSITY PRESS
·郑州·

图书在版编目（CIP）数据

孟子引读 / 何晓明著 . -- 郑州：河南大学出版社，2024.7
（中华元典引读丛书 / 李振宏主编）
ISBN 978-7-5649-5694-3

Ⅰ.①孟… Ⅱ.①何… Ⅲ.①《孟子》Ⅳ.①B222.5

中国国家版本馆 CIP 数据核字（2024）第 069789 号

孟子引读
MENGZI YINDU

总 策 划	孔令刚
责任编辑	陈　巧
责任校对	孙增科
装帧设计	翟淼淼
出版发行	河南大学出版社
	地址：郑州市郑东新区商务外环中华大厦 2401 号
	邮编：450046　电话：0371-86059701（营销部）
	网址：hupress.henu.edu.cn
排　　版	郑州印之星数字文化产业有限公司
印　　刷	郑州印之星印务有限公司
版　　次	2024 年 7 月第 1 版
印　　次	2024 年 7 月第 1 次印刷
开　　本	889 mm×1194 mm　1/32　　印　张　8.125
字　　数	150 千字　　　　　　　　　　定　价　36.00 元

版权所有·侵权必究
本书如有印装质量问题，请与河南大学出版社营销部联系调换。

序

　　中华元典创生于春秋战国的大变革时代。自夏以来的中国早期文明社会,到周代的分封制度达到成熟阶段,这一社会形态的国家政体是贵族制。以中央王朝的国君即天子为一权力主体,以公卿士大夫即贵族为另一权力主体,世袭国君和世袭贵族通过宗亲和姻亲血缘纽带组成一个统治网络,代代相传、永恒不变地占据着国家政治生活、经济生活和文化精神生活的中心。这样一个贵族制社会从夏开始,一直延续了一千多年,到公元前770年周平王东迁,终于走向了它的衰落和蜕变。平王东迁作为一个象征性事件,标志着一个新时代的开端。春秋时期,王室衰微,礼崩乐坏,历史表面的混乱局面,掩盖着深层的历史潜流,人们往往用"春秋无义战"来描述这个时代;但历史一进入战国时期,其演变的本质便显示出来。战国时期各国变法的主流揭示，从春秋开始的这场历史大动荡，预示着一个崭新的历史时代的到来，它是一场社会形态的变革，是中国历史从贵族政治向官僚政治的过渡。

大凡历史剧烈动荡的岁月，给人们的启迪也往往更加丰富和深刻。历史的大动荡，亵渎了一切传统的神圣的东西。传统的政治体制逐渐坍塌，传统的意识形态、社会观念、思想文化遇到了前所未有的挑战。历史何以会发生这样剧烈的变革和动荡，在动荡中崩溃的社会应该以怎样的模式重新塑造等等，一系列带有世界观、历史观、社会观性质的问题，逼迫着人们去思考，去回答。于是，在思想文化领域，展开了一场长达三百年的百家争鸣。正是在这场反省历史、洞察现实、描绘未来的思想运动中，古圣先贤们为我们提供了一批支配后世民族文化发展的中华元典。这批中华元典，诸如《周易》《诗经》《尚书》《春秋》《礼记》《老子》《庄子》《论语》《墨子》《管子》《商君书》《韩非子》等等，是夏商周以来古典传统文化的积淀和结晶，又是新旧时代交替的历史启迪；它既积累了中华先民两千年文明史的卓越智慧，又是对一个新的历史进程的揭示和预见，充当了一个新时代的号角和先声。

中华元典是春秋战国这个特定时代的产物。一方面，社会历史在政治、经济上所经历的深刻变迁，给当时的思想家们以深刻的历史启迪，使其著作具有其他时代所无法比拟的深刻性；另一方面，传统社会坍塌的剧烈震撼，促使人们从历史的根本点上思考问题，从而使当时人们所提出的问题，多具有世界观、历史观和人生观的性质，具有比较广泛的普遍性价值或意义。

三十年前，冯天瑜先生在《元典文化丛书·序》中说：

> 历史的辩证法反复昭示：发展不是简单的生长和增进，它往往不一定呈直线式进步，而是通过一系列螺旋式圈层实现的。这样"回复"便不总是重复往昔，而可能是一种上升的形式，是"唤醒"事物在其开端时即已蕴蓄着的可能性的一种形式。作为由具有自觉意识的人类创造的文化，也生动地展现着螺旋式的发展轨迹，如欧洲"文艺复兴"的崇尚古希腊、"宗教改革"的服膺《圣经》，便是对"元典精神"的发扬和再造，而欧洲文化正是在这种"回复"中赢得历史性进步的。这种向"文化元典"汲取灵感，获得前讲基点的现象在中国也多次出现，著名的"古文运动"便是典型事例。考之以中国近现代思想文化史，这种"返本开新""以复古为解放"，即回归元典精神以求新变的情形也俯拾即是。

冯天瑜先生所讲人类思想史上这种不断发生的"返本开新"现象，佐证了元典的不朽性。的确，中国先秦时代

所产生的文化元典,就有其不朽性。大致说,元典的不朽性主要取决于两个方面:

其一,它所提出的问题具有普遍性意义,是不同时代人们所关注的共同性问题,处在不同历史条件下的人们,都能从元典的阐述中汲取智慧,都能使自己的思考追溯到人类智慧的最初观照。譬如在元典中一再提出的如下问题:"天人之辨"(人与自然的关系)、"人性之辨"(关于人的本性善恶的思考)、"义利之辨"(社会道义与经济利益的关系)、"刑礼之辨"(刑法治理与礼制教化的关系)等等,这些问题对于两千多年的传统社会来说,无疑都是不朽的课题,像"天人之辨""人性之辨""义利之辨"等,还具有普遍的人类意义。

其二,"中华元典"的不朽性,还在于它对以上基本问题的解决,给后人的思考提供了一种具有高度抽象性的哲理性回答,从而使人们可以从各种角度受到它的启迪。在人类认识的早期时代,人们还不可能对自然界和社会进行解剖、分析,自然界和人类社会只能被作为一个整体去观察,从而得出混沌的整体性认识。这种认识,一方面有它不精确不完善的特点,而另一方面则使它有可能包含了对自然界和人类社会整体联系性的不少天才猜测。例如《老子》中的"道",《周易》中的运动观、发展观、变易观,《论语》中孔子的仁学思想体系,等等,都是对自然变化之道，人的社会属性的整体性、哲理性把握；而这种把握，则是其后人们借以展开自己思想的重要基础。"中华元典"在后世人们借以发挥自己思想创造的过程中，一再证明着自己的生命力和不朽性。

然而，从历史唯物主义的观点看问题，"中华元典"也不可避免地具有其历史局限性，世界上没有任何一种理论观点、学说体系具有超历史的价值和意义。每一时代的理论思维，"都是一种历史的产物"，都有它所适应的、能够发挥其作用的历史环境；一旦历史条件发生了根本性的变更,它的作用就将丧失或者发生相应的改变。"中华元典"作为一种理论思维的历史成果，它的基本内容，它所提出的各种命题的具体内涵，都不能不具有这种历史性质。这个历史性，既是它在其后两千多年传统社会中能够发挥重要作用的原因，也同时决定了它的局限性。解读和阐释文化元典，就是发扬或转换其不朽性，而正视其局限性，以确保在文化传承中保持清醒的头脑，秉持科学的态度。

解读元典文化精神，研究、传承和弘扬优秀传统文化的工作，已经进行了很多年，有了颇为丰硕的成果。然反省其研究状况，还是存在某些缺憾。

一是研究大多还集中在知识精英阶层，而把对元典思想的阐释变成广大社会公众的精神食粮，还有许多工作要做。

二是就社会大众的元典文化阅读来说，所做的工作多是集中在直接的普及方面,侧重对元典文献的注释或翻译,以为社会大众借助白话读本就可以进入元典精神的世界,就完成了元典文化的普及,而这是有认识上的误区的。

三是社会大众直接阅读元典译本,并不能对元典文化的历史作用有深刻的认识,而研究元典文化或者普及元典文化精神,其最终目的是帮助社会大众认识我们的文化国情,使人们知道民族精神的来龙去脉,知道今人的思想、思维、价值观念、心理观念之来源,清醒而理智地看待传统文化,继承和弘扬优秀传统文化。

河南大学出版社策划出版的这套"中华元典引读丛书",目的就在于弥补以上缺憾。这套丛书的特色是:读者一书在手,既可窥见一部元典的思想要旨,又可明了其全方位历史影响,进入元典文化生成与发展的历史世界。这是真正地认识中华元典文化精神的导读丛书,是写给普通读者的书。

既是为社会大众提供适宜的元典导读,就必须在著作的科学性、导向性上下功夫。我们力求用充分辩证的科学理性去阐释元典文化的基本精神,对元典著作积极的或消极的文化影响,都给予尽可能全面的历史评说,使普通读者懂得如何从积极的方面对传统文化进行扬弃和取舍。因此,冷静的历史思辨色彩,成为这套丛书在著述风格上的重要特色。此外,我们还要求作者从以往学术著作引经据典、旁征博引、烦琐考证的传统文风中解脱出来,采用夹叙夹议、以议论为主的散体笔法,无论是对元典内涵的揭示,还是对其历史价值或历史影响的阐述,都尽可能结合具体生动的历史事例来展开,力求做到深入浅出,引人入胜。

现在丛书就要出版了,作者们贡献了自己的辛勤劳动、学识和智慧,但是否真的能够实现丛书的编写初衷,它的效果究竟如何,就交给亲爱的读者去判断了。

李振宏

2023 年 12 月 10 日于开封

目 录

一 孟子其人其书 / 1
  1. 孟子生平 / 1
  2.《孟子》简介 / 15
  3. 孟子地位的历史变迁 / 24

二 "心性"说与儒学的"内圣"走向 / 34
  1. 从孔子的仁、礼并重,到孟子的专注"心性" / 36
  2. "心性"说的结构与内涵 / 40
  3. "心性"说对儒学"内圣"化的深远影响 / 65

三 "仁政"说与民本主义政治传统 / 73
  1. "仁政"说对孔子"仁"学的发展 / 75
  2. "仁政"说对民本主义的集大成式发挥 / 78
  3. "仁政"说的历史地位及评价 / 96

四 "贵义贱利"与传统价值标准 / 102
   1. 春秋战国时期围绕"义""利"问题的热烈争鸣 / 103
   2. 孟子"贵义贱利"价值观论析 / 107
   3. 孟子以后儒学"义""利"之分合 / 118

五 "井田""恒产"说与古代小农经济形态 / 122
   1. 井田制 / 123
   2. "恒产"论及其理论价值 / 129
   3. 社会分工与商品交换论的进步意义 / 134

六 "顺天""畏天""知天"与传统"天人相通"论 / 140
   1. 诸子的"天"论与孟子所下"天"的定义 / 141
   2. "天"的不同内涵与人的相应态度 / 142
   3. "天人相通"模式的建构及影响 / 154

七 "五百年必有王者兴"与古代圣贤史观 / 162
   1. 孟子历史观的核心命题："五百年必有王者兴" / 163
   2. 孟子历史观的多层面展开及历史回响 / 164

八 "浩然之气"与士阶层人格修养 / 178
   1. "浩然之气"的提出 / 181
   2. "浩然之气"的多层面意蕴 / 185
   3. "是气所磅礴，凛烈万古存" / 197

九 "得天下英才而教育之"与儒家教育的特征 / 201

    1. "心之官则思"与"大哉居乎"——教育原理的探讨 / 203

    2. "君子之所以教者五"——教育方式与内容的归纳 / 206

    3. "教亦多术"——教育法则的制订 / 210

    4. 孟子论教与儒家教育的特征 / 215

十 "能言""好辩"及《孟子》在文学史上的地位 / 219

    1. 孟子"能言"面面观 / 220

    2. 高超的辩论技法 / 232

    3.《孟子》在文学史上的地位 / 238

一　孟子其人其书

在中国文化体系中，孔子创立的儒家学说长期占据主流地位，两千年不衰。孔子也因此被推崇为"大成至圣先师"。

在儒家学说体系中，孟子及其思想影响既深且远，尤其是宋元以降，孟子更被尊为"亚圣"，地位仅次于孔子。"孔孟之道"不仅成为儒学的代称，而且在相当意义上，成为中国文化精神的旗帜。

因此，对于儒学，对于中国文化，孟子确是一位举足轻重的人物。

1．孟子生平

孟子名轲，生活在战国中期。关于他的生平，文献记载很少。司马迁作《史记》，写《孔子世家》，洋洋洒洒一大篇,但对孟子,却只给我们留下寥寥不足200字的简短记载。这一来是因为在汉代,孟子的地位与影响远不及后来那么隆盛;二来也是由于资料太少,太史公固然是大手笔,但无米之炊,巧妇难为。所以,有关孟子的生平,一直是疑问很多,争论不少。

(1)家世

孟子的祖先,可追溯至春秋时期鲁国的孟孙氏。孟孙氏是鲁国的贵族,孟孙、叔孙、季孙同是鲁桓公之子仲庆父、叔牙、季友的后裔,合称"三桓"。"三桓"一度势力强盛,掌握了鲁国政权,但后来日见衰落,正如孔子所说,"故夫三桓之子孙微矣"(《论语·季氏》)。孟孙的嫡系世称孟孙,而支系后改姓孟氏。孟子先祖的谱系,有人考证为庆父—孟穆伯—文伯—孟献子—孟庄子—孺子秩—孟僖子—孟懿子—孟武伯—孟敬子—激公宜。激公宜便是孟子的父亲,名激,字公宜。"三桓"衰微,子孙四散,孟轲的祖上便从鲁迁徙至驺。所以司马迁说:"孟轲,驺人也。"(《史记·孟子荀卿列传》)

驺,也作邹,又作邾。汉人许慎《说文解字》称,"邹,鲁县,古邾国,帝颛顼之后所封"。其地在今山东邹县、费县、滕县一带,相传为颛顼后裔挟所建立的邾国所在地,邾国建都于邾,故又称邾国。

关于孟轲的籍贯，还有一说，认为是在孔子的出生之地鲁国的陬邑（今山东曲阜）。其根据，一是在古文字学中，"邹"与"陬"同音通假，可相互替代；二是孟子本人曾讲自己"近圣人之居若此其甚也"，与孔子故居相距很近。但这两条都难以成立。关于第一条，许慎、段玉裁等明确区别二者之不同。关于第二条，"近圣人之居"是相对而言，且"近"并非"同"。将孔子出生地陬邑误认为古邾国之地，首见北魏郦道元的《水经注》，后来唐人司马贞作《史记索隐》，依此将邹、陬混同，于是孟子的籍贯才又有了陬邑一说。唐人陆德明《经典释文》便明言："孟子陬邑人。"

两说相较，显然前说为是。尤其经过清代考据学家们的精密辨析，孟子籍贯为邹，已为大多数学者所认同。20世纪80年代，"孟子学术讨论会"在山东邹县召开，便是学术界对此问题的明确表态。

关于孟子的名字，也有不同说法。

孟，是姓。子，是古代男子的通称，又含尊敬的意思。《春秋谷梁传·宣公十年》说："其曰'子'，尊之也。"唐人张守节《史记正义》称："子者，男子之美号。"正如孔子、老子一样，孟子，也是人们的尊称。

孟子名轲，对此，后世皆无异议。古人于姓、名之外，又多取字。旧说男子出生3个月命名，20岁成人，举行冠礼，结发加冠，同时取字。名与字有意义上的联系。如屈原，名平,字原(《尔雅·释地》:"广平曰原");颜回,字子渊(《说文解字》:"渊,回水也")。孟轲有没有字?有人说有,也有人说无。

汉人赵岐在《孟子题辞》中说:"孟子,邹人也。名轲,字则未闻也。"宋人王应麟在《困学纪闻》中也称"孟子字未闻"。但相反的意见也多见于史籍。三国时魏人王肃在《圣证论》中记,"轲字子车",与此同时的《孔丛子·杂训》又说,孟子字子车,"一作子居,居贫坎轲,故名轲字子居,亦称字子舆"。南宋梁人刘峻则在《辨命论》中提出,孟子字子舆。晋人傅玄同此说。

轲,本义为接轴车。说孟轲字子车、子舆,按中国古代字义随名的传统看,似乎也在情理之中。但是,既然先秦典籍及汉人著作中均未见此记载,那么魏晋以后才出现的孟子字子车、子舆等说,便有些可疑,起码是证据不足以确认。所以,对孟子之字,只可存阙疑的态度。

孟子的生卒年月,更是众说纷纭,莫衷一是。以生年论,历代典籍所载,有7种不同的说法,前后相差六七十年。其中有的失误明显,必有鲁鱼亥豕之误。因此,比较权威的《中国大百科全书·中国历史》本着立信存疑的科学态度,在"孟子"条下写道:"生卒年不详。"

尽管没有定论,但倾向性的意见还是有的。现今学术界比较通行的看法是,孟子生于周烈王四年(公元前

372年），卒于周赧王二十六年（公元前289年），享年八十有四。

（2）师承

孟子幼年丧父，家境贫寒，母亲仉（zhǎng）氏含辛茹苦，将他抚养成人。据《列女传·母仪传·邹孟轲母》记载，孟轲幼年时，家住墓地附近。耳濡目染，孟轲与小朋友做游戏，便模仿埋葬死人。母亲担忧这样会对孟轲产生不好的影响，便搬家到集市附近。可是不久孟轲又对商贩叫卖发生兴趣，学得惟妙惟肖。母亲觉得这也不是好的兆头，于是又把家搬到学校旁边，希望孟轲从小就学习礼仪，"设俎豆，揖让进退"，培养良好的品行。这便是民间流传不衰的"孟母三迁"的故事。

孟子发蒙之初，贪玩好耍，读书很不用功。母亲非常生气，便用刀将织机上的布割断。孟子又奇怪又害怕，忙问何故。母亲回答，"子之废学，若吾断斯织也"。不刻苦学习，将来不仅一事无成，而且"堕于修德，不为窃盗，则为虏役矣"。"断机教子"的故事同样在民间流传甚广。

"孟母三迁""断机教子"的故事，均不见于先秦典籍，而是出自汉人的著作，很难认为是信史，但也未可完全归于子虚乌有之事。有一点可以肯定，孟子对于母亲的养育教诲之恩，是铭刻在心的。母亲逝世后，孟子

"自齐葬于鲁",让母亲落叶归根,魂归故国,并以厚礼葬之。当时就有充虞发问:"您给母亲定制的棺木似乎太好了吧?"孟子回答:"讲究棺木,不仅是为了美观,而且是要尽孝子之心。能用上等木料,又买得起,古人都这么做了,我为什么不这样做呢?"(《孟子·公孙丑下》,以下引《孟子》,均只注篇名)

孟子生活的战国时期,"百家争鸣",各家各派的学者纷纷收徒授学。当时的青年学子在师承关系方面,有诸多流派可供选择。孟子出生时,孔子已去世100多年,孔子创立的儒学也有所分化。孔子的学生、后裔散处四方,各以自己的理解传播孔儒之学。孟子选择了以子思为代表的一派。

子思,名伋,孔子之孙,生于周敬王三十七年(公元前483年),卒于威烈王二十四年(公元前402年)。子思相传是孔子的高足曾参的学生,他在儒学系统中,是承上启下的重要人物。据《汉书·艺文志》载,子思著有《子思》23篇,可惜今已亡佚,现存儒家重要典籍《礼记》中的《中庸》《表记》《坊记》等篇,相传是他所作。

孟子在学脉上,属于孔儒后学子思一派,历来为人所公认。但孟子本人与子思有何联系,却有分歧意见。

司马迁认为,孟子"受业子思之门人"(《史记·孟子荀卿列传》),即是子思学生的学生。但是隋人王劭却提出司马迁《史记》中的"人"是衍文，实际上应为"受业子思之门"（司马贞《史记索隐》），为子思本人的学生。对此，汉人的著述中，多有此类意见。赵岐《孟子题辞》就说：

> 长师孔子之孙子思，治儒术之道，通五经，尤长于《诗》《书》。

另外，《汉书·艺文志》《风俗通·穷通卷》《淮南子·氾论训》等书，亦都同此说。

究竟谁对谁错呢？

清代考据学家崔述，在《孟子事实录》中辨析道，根据子思、孟子之间的年龄差，即令子思享年八十以上的高寿，距离孟子出生，尚有30余年。若以孟子10岁师从子思，其时子思必在120余岁，这显然讲不通。崔述又引《孟子·离娄下》中所记孟子自白，"予未得为孔子徒也，予私淑诸人也"，论道：

> 若孟子亲受业于子思，则当明言其人，以见其传之有所自，何得但云"人"而已乎？由是言之，孟子必无受业于子思之事，《史记》之言是也。

验之《孟子》之书本身，由孔子经曾子，到子思及其弟子，再传孟子，这一学脉是相当明晰的。

对于孔子，孟子推崇备至。"自生民以来，未有盛于

孔子也",又说:"乃所愿,则学孔子也。"(《公孙丑上》)

对于曾参、子思,《孟子》中多有其言行实录。《孟子》全文约35 000字,引述曾参竟达22次。其中如"若曾子,则可谓养志也。事亲若曾子者,可也"(《离娄上》),褒扬之意,十分明显。引述子思,也有16处。相比之下,对孔门其他后学,则明显淡漠,引子夏3次、子贡7次、子张2次、子路6次(杨伯峻《孟子译注》)。"余如沈犹行、公明仪、公明高,大约多曾氏门人,而孟子私淑诸贤,概可见已。"(曹之升《四书摭余说》)

孟子直承子思之说,在他们的著作中更有确凿证据。子思说,"上老老而民兴孝,上长长而民兴弟,上恤孤而民不倍"(《大学》),孟子则有"老吾老以及人之老,幼吾幼以及人之幼"(《梁惠王上》);子思说,"诚者,天之道也;诚之者,人之道也"(《中庸》),孟子便称"诚者,天之道也;思诚者,人之道也"(《离娄上》)。不仅思想一致,甚至文字也基本相同。荀子将他们二人合在一起,称为"思孟学派",是有道理的。

(3)经历

孟子生活的战国中期,中国社会由领主制向地主制的历史变革正处在关键时刻。代表时代大趋势的新兴地主阶级面临的历史使命,一是推行变法,在经济、政治领域清除宗法领主制的残余;二是通过兼并战争,结束割据局面,完成统一:"当是之时,秦用商君,富国强兵;楚、魏用吴起,战胜弱敌;齐威王、宣王用孙子、田忌之徒,而诸侯东面朝齐。天下方务于合从连衡,以攻伐为贤"(《史记·孟子荀卿列传》)。正是在这样的历史背景下,孟子度过了他学术上成就颇丰而政治上无所建树的一生。

关于孟子青年时代的经历,我们所能见到的可靠资料不多。只知道他很早学业有成,并开始收徒讲学。他招收过很多学生,知名的有公孙丑、万章、乐正子、公都子、屋庐子、陈臻、充虞等人。孟子以"得天下英才而教育之"为人生一大快事,乐此不疲。他还带领学生们风尘仆仆地往来于各国,游说诸侯,企图说服他们接受自己的学说,实现自己平治天下的社会抱负。关于这一段经历,史籍记载不少,不过这已是孟子中年以后的事了。

周显王四十年(公元前329年),孟子开始周游列国。他从平陆出发,来到齐国的都城临淄(今山东淄博)。

当时的齐国,国势强盛,民众富庶。国君齐威王力行改革,任用邹忌为相,田忌为将,孙膑为军师。他善于纳谏,从善如流,身边集聚了淳于髡等一批贤士名臣。他还重整稷下学宫,招揽天下贤士,鼓励他们著书立说,讲学论辩,在生活上予以优厚待遇。当时,稷下学宫内汇集了儒、道、法、名、兵、农、阴阳诸家之学,一时成为学者荟萃的中心。

孟子慕名来到齐国，齐威王对他礼貌有加，配给车马侍从，不过对孟子极力主张的行"仁政"之说，并不特别青睐。孟子不受重用，很不得志，便生去意。离开齐国时，威王馈赠金100镒（1镒合20两），被孟子谢绝。陈臻问其故，孟子回答："齐威王没有什么理由却送我这么多钱，等于用金钱收买我。哪有君子受人贿赂的呢？"（《公孙丑下》）

周显王四十三年（公元前326年），孟子得知宋公子偃称王，准备实行仁政。他十分高兴，决定离齐去宋。万章有些担心，劝阻道："宋是小国，若行仁政，齐国和楚国必然反对，会出兵来攻打它，那怎么办？"孟子回答："如果真是实行了仁政，四海之内都翘首而望，希望这样的明君来做自己的国王，有如大旱之望云雨也。齐国、楚国虽然强大，又有什么可怕呢？"（《滕文公下》）

孟子来到宋国，拜访了大臣戴不胜。孟子希望戴不胜向宋王偃进谏，多与像薛居州那样的"善士"接近，才能做善事，行仁政。他还向宋大夫戴盈之建议，立即实行十分抽一的低税率，撤除商品流通中的关卡以繁荣经济。戴盈之说："这些今年还办不到，预备先减轻一些，以后再完全实行。"孟子不高兴地回答："有人每天偷邻居家的一只鸡，别人告诉他这不是正派人的行为。偷鸡者却说，那么少偷一些，先每月偷一只，到明年再完全洗手不干——

已经知道行为不合道理，就应该赶快停止，为什么要等到明年呢？"(《滕文公下》)

经过一段时间的观察，孟子发现宋王偃耽于酒色，并不准备真正实行仁政，于是又率领学生们返回邹国。当时邹国与鲁国刚刚发生了一次冲突。邹国的官员死难30余人，老百姓都袖手旁观，无动于衷。邹穆公为此很气愤，但又无可奈何。杀又杀不了那么多，不杀又实在可恨。他问孟子该怎么办。孟子告诉他："你手下的官员平时不关心百姓，这一次百姓们终于得到报复的机会了。作为国君，你不要责备他们。只要你实行仁政，老百姓自然会亲近他们的长官，并愿意为长官去拼命。"(《梁惠王下》)孟子直率的批评使邹穆公很恼火，竟断绝了给孟子及其学生的馈赠，使他们处于生活无着的窘境。

孟子在邹时，滕文公的父亲滕定公去世，文公派然友专程往邹，向孟子请教如何办理丧事，孟子主张"厚葬久丧"，隆重办理。周显王四十五年（公元前324年），滕文公即位，盛情邀请孟子到滕国，奉为上宾。

滕文公对孟子的社会政治主张很感兴趣，多次向他请教。滕文公问："滕国是一个弱小的国家，又被夹在强大的齐国和楚国之间。您看我是该服侍齐国呢，还是服侍楚国？"孟子建议他加强防卫，与百姓共同保卫国家。又说，只有实行仁政，才能得到百姓的支持。总之，"苟为善，后世子孙必有王者矣"(《梁惠王下》)。此外,孟子还为文公设计了"井田制"方案,以使百姓之家有五亩宅基、百亩耕地,男耕女织,从而达到社会安定、国家繁荣。

虽然滕文公对孟子很尊重,但滕国毕竟只是方圆不足五十里的小国,孟子的"仁政"理想,很难在列强争战的环境下,实现于这弹丸之地。于是,他又于周慎靓王元年(公元前320年)来到魏国。

这时,魏国国君是惠王。惠王是魏文侯的孙子。当年魏文侯任用李悝,厉行变法,又有名将吴起、良吏西门豹等辅佐,国力强大,是战国七雄之一。但是,到了魏惠王(此时魏已迁都大梁,所以又称梁惠王)之时,与齐、楚、秦等国屡战屡败,割地赔偿,国势已今非昔比,大大衰落。惠王为了振颓起衰,广招贤士,对孟子的到来,非常欢迎,并寄予厚望。他一见孟子,便说:"老先生您不远千里而来,一定会给我们国家带来很大利益吧?"孟子答道:"你何必一开口就讲利呢?只要讲仁义就行了。"孟子反复向惠王宣传"与民同乐""仁者无敌"的道理,讲解轻徭薄赋、减刑安民等"仁政"措施,惠王虽未准备认真实施,但还是表示"寡人愿安承教"。孟子到魏的第二年,惠王去世,其子襄王继位。孟子对襄王印象很糟,认为他完全不像仁君的样子,于是离魏而去,于周慎靓王三年(公元前318年)再次来到齐国。

这时，齐威王已死，宣王在位。"宣王喜文学游说之士"，对他们优礼有加，"皆赐列第，为上大夫，不治而议论。是以齐稷下学士复盛，且数百千人"（《史记·田敬仲完世家》）。宣王拜孟子为客卿，参与议论朝政，孟子因此得以多次向宣王犯颜进谏，言辞锐利，致使宣王有时"顾左右而言他"，有时竟至"勃然变乎色"。此外，孟子还积极参与稷下学宫的学术活动，他与淳于髡、告子等人的著名辩论，便是发生在此时。

在这期间，孟子的母亲不幸病逝。因为孟子的远祖为鲁人，他循古义，隆重地将母亲归葬于鲁。鲁平公即位后，延聘孟子的得意门生乐正子主持政务。乐正子极力鼓动平公去拜访正守丧在鲁的孟子，但被平公宠幸的臧仓阻拦。臧仓对平公说："您以为孟子是贤德之士吗？贤德之士的行为应该合乎礼义，可是孟子办他母亲的丧事大大超过以前办他父亲的丧事，这显然是不合礼义的。您不要去见他。"平公因此取消了拜访孟子的打算。乐正子将此事报告孟子，孟子感叹道："任何事情成与不成，都不是人力所能支配的。我不能与鲁侯相见，是天意的安排。臧仓那小子怎能阻拦我们呢？"（《梁惠王下》）不久，孟子便由鲁返齐。

孟子这一次居齐，约五年之久。宣王对他非常优待，出行时，常常"后车数十乘，从者数百人"，比一般的稷下先生们威风得多。但是，宣王对孟子那些"迂远而阔于事情"的学说主张采取敬而远之的态度,孟子因而失落感日甚,向弟子们表示,"礼貌未衰,言弗行也,则去之"(《告子下》),内心萌生离意。宣王得知消息,表示可以给孟子一所宽大舒适的宅院,并支付万钟粟米俸禄供养他的弟子。但孟子不愿接受这一丰厚条件。他一心追求的并非荣华富贵,而是一展自己久不得遂的"为政"抱负。孟子离开齐国时,满怀惆怅又心存眷念。他在齐国边境的重县停留了三天,满心希望宣王会改变主意,前来追赶、挽留自己。直到这时,孟子仍然认为:"王如用予,则岂徒齐民安,天下之民举安。王庶几改之!予日望之!"(《公孙丑下》)可惜宣王全然辜负了他的一片拳拳之心。孟子空等了三天,不见来者,只得失望地踏上归程,返回故乡邹。

这时,孟子已是年届花甲的老人。他从此不再外出巡游,而是仿效他景仰的孔子的晚年,安心著书立说,与弟子万章等人"序《诗》《书》,述仲尼之意,作《孟子》七篇"(《史记·孟子荀卿列传》)。

周赧王二十六年(公元前289年),孟子以84岁高龄辞别人世。

2.《孟子》简介

(1) 作者考辨

孟子的思想，集中体现在篇幅不大但内涵十分丰富的《孟子》一书之中。关于《孟子》的作者，汉代以后，有几种不同的看法。

其一，认为《孟子》是孟轲本人的作品。

汉人赵岐在《孟子题辞》的开头便提出，"此书，孟子之所作也，故总谓之《孟子》"。他还分析，孟子一生在政治上郁郁不得志，"进不得佐兴唐虞雍熙之和，退不能信三代之余风，耻没世而无闻焉，是故垂宪言以诒后人"。

宋儒朱熹则从《孟子》一书文字风格的浑然一体来论证这一点，他说："《论语》多门弟子所集，故言语时有长长短短不类处。《孟子》疑自著之书，故首尾文字一体，无些子瑕疵。不是自下手，安得如此好？"（《朱子大全》）

清代考据学家阎若璩，考辨更精细。他在《孟子生卒年月考》中指出："《论语》成于门人之手，故记圣人容貌甚悉；七篇成于己手，故但记言语或出处耳。"魏源赞同他的看法，断言《孟子》"当为手著无疑"（《孟子年表考》）。

其二，认为《孟子》是在孟轲死后，由他的学生万章、公孙丑等人记述而成。

这一看法始行于唐、宋。韩愈、张籍、苏辙等人都持此观点,可惜他们都语焉不详。

宋人晁公武对此看法做了说明。他提出,《孟子》书中对诸侯皆称其谥号,如齐宣王、梁惠王、滕文公等。按例君王未死,不得有谥,而孟子在世时,"所见诸侯不应皆死",所以足见《孟子》非孟轲本人所撰,而是在他身后由学生们写成(《郡斋读书志》)。

清人崔述则指出,《孟子》书中每有历史、地理等方面基本知识的错误,"皆于事理未合,果孟子自著,不应疏略如是"。他还发现书中对孟子的学生多以"子"称之,如乐正子、公都子、陈子,不称"子"者很少。"果孟子所自著,恐未必自称其门人皆曰子"。至于为什么万章、公孙丑二人在书中不称"子",那是因为此书系二人追述先师言行,故而他们两人与孟子的问答最多,这恰恰说明《孟子》非孟轲本人所撰。

其三,认为《孟子》是以孟轲本人为主,在他的学生万章等人的参与、协助下,共同完成的。

司马迁是这一看法的首倡者,见《史记·孟子荀卿列传》:"退而与万章之徒,序《诗》《书》,述仲尼之意,作《孟子》七篇。"这一看法出现较早,汉代以后,赞同者甚多。

以上诸说,哪一种更准确呢?

其实,持第一种看法者,多数并不否认孟子的弟子们也参与了《孟子》的修撰。赵岐就承认书中有"所与高第弟子公孙丑、万章之徒难疑答问"(《孟子题辞》)的内容;魏源也看出"其为二人亲承口授而笔之书甚明"(《孟子年表考》)。

第二种看法,可商榷之处不少。因为书中存在常识方面的错误,就否认它为孟子所作,这种理由,实在很难站得住脚。

至于书中诸侯皆称其谥号一条,诸侯如死于孟子之前,如梁惠王、滕文公等,当然不成其为问题;即便是死于孟子之后的梁襄王等人,考虑到该书系由孟子师生共同参与完成,那么在孟子去世后,他的学生们最后定稿,所以诸侯皆称谥号,也就是顺理成章的事。

综上所述,关于《孟子》一书的作者,还是司马迁的说法更接近于历史的真实:该书系由孟子和他的学生们共同完成。

(2)内容结构

我们今天看到的《孟子》,由《梁惠王》《公孙丑》《滕文公》《离娄》《万章》《告子》《尽心》七篇组成,全文共约35 000字。这是否为当年孟子师生最后定稿的真本呢?

司马迁在《史记》中只说"作《孟子》七篇",与现存文本相符。100年后,班固在《汉书·艺文志》所录儒家典籍中载录"《孟子》十一篇",多出四篇。应劭《风俗通·穷通篇》将11篇分作中外,说孟子"作书中外十一篇",但未列出各篇的具体篇名。赵岐在《孟子题辞》中分11篇为两部分,一部分为内篇,与现今所见《孟子》文本相同,赵岐统计共261章34 685字。对其内容,则概括为:

> 包罗天地,揆叙万类,仁义道德,性命祸福,粲然靡所不载。帝王公侯遵之,则可以致隆平,颂清庙;卿大夫士蹈之,则可以尊君父,立忠信;守志厉操者仪之,则可以崇高节,抗浮云。

另一部分,赵岐称为"《外书》四篇",即《性善》《辩文》《说孝经》《为政》。他认为这四篇"其文不能宏深,不与内篇相似,似非《孟子》本真,后世依放而托之者也"。既然是伪作,赵岐也就不屑为之作注释。久而久之,《外书》四篇便逐渐亡佚了。清人焦循在《孟子正义》中说:"有无《外书》,唐人绝无片言论及。"可见至迟到唐代,《外书》四篇已不可见了。至于宋、明之时,偶有人称在某某地方发现《孟子·外书》四篇,显然系出于各种用心的伪作,全无讨论的价值。

《性善》等四篇,既已不可得见,我们今天也就不可能对赵岐的评判进行再审核。但有一点可以肯定,在汉代,不少学者并不同意赵岐的观点,在自己的言谈著作中引用过这四篇的内容。顾炎武在《日知录》中指出,《史记·淮南衡山列传》中伍被对淮南王安引《孟子》"纣贵为天子,死曾不若匹夫",扬子《法言·修身篇》引"夫有意而不至者有矣,未有无意而至者也",桓宽《盐铁论》引"吾于河广,知德之至也","今《孟子》书皆无其文,岂所谓《外篇》者邪",就证实了这一点。

现存《孟子》七篇,从内容结构方面看,与《论语》十分相似。赵岐说《孟子》是"大贤拟圣而作",很有道理。《孟子》与《论语》一样,通篇基本上是问答体和语录体,各篇内容,没有相对集中的明确主旨;章与章、篇与篇之间的编排连接,也没有清晰的逻辑关系。与这些特点相关,积章而成的各篇,都没有实质意义的标题,篇名不过是摘取各篇头一句的两三个字组成。稍有不同的是,《论语》篇名更杂乱一些,既有取"子曰"之后两字的,也有取头一句开始两个字的。有的是人名,有的竟是一名词与一动词的搭配,如"宪问""尧曰"。《孟子》篇名则相对规范一些,七篇中除最后一篇"尽心"取首句中一动宾词组外,其余六篇篇名都是首句中出现的孟子以外的人名。

特别值得注意的是,《孟子》最后一篇《尽心》的最后一章。这一章指出,尧、舜至商汤500余年,商汤至周文王500余年,周文王至孔子500余年,仁义的道统一脉相传。可是孔子以后到当今,不过100余年,去圣人之世如此之近，离圣人之居如此之近，仁义的道统却无人继承光大了。孟子浩叹："然而无有乎尔，则亦无有乎尔！"在这里，孟子虽未明言，但他继承从尧、舜直至孔子的仁义道统的强烈意愿，是千百年来每一个读者都能深切感受到的。而这一点，正是《孟子》全书35 000余言的中心意旨。将这一章作为全书的终结，确实是作者匠心的点睛之笔。

（3）研究概况

由于孟子在儒家学说乃至中国文化中的重要地位，《孟子》一书也就成为两千年来文人学者精心研究的对象。有人统计，历代研究《孟子》的专著将近300种。

对《孟子》进行系统的研究，始于汉代。据文献记载，刘向、程曾、高诱、郑玄、刘熙等人都曾为《孟子》作过注解，但已先后失传。现存的汉人注《孟子》的著作，只有赵岐的《孟子章句》，可谓硕果仅存。

赵岐，字邠卿，东汉经学家。曾任并州刺史，因党锢被免职，后任议郎、太常等职。他采用章句体——分章析句——来注释《孟子》，将七篇各分上下，成14卷。这一分卷法被以后的《孟子》注家们普遍接受。赵岐注释《孟子》，用功甚笃，自称"十有余年，心剿形瘵，何勤如焉"。他"述己所闻，证以经传"，考证了孟子的身世，归纳了《孟子》"包罗天地，揆叙万类"的广泛内容，充分肯定它在"致隆平""立忠信""崇高节"方面的社会效用,同时评价其文字风格,"长于譬喻,辞不迫切,而意已独至"。另一方面,赵岐也据实指出,"时君咸谓之迂阔于事,终莫能听纳其说",批评了孟子思想空疏不切实际的一面。赵岐的贡献,颇受后人肯定,清儒阮元称赞《孟子章句》"属书离辞,指事类情,于训诂无所戾。七篇之微言大义,藉是可推"(《孟子注疏校勘记序》),并非溢美之词。

唐代学者多以音义——注释古书字音字义——的形式研究先秦典籍。张镒作《孟子音义》,丁公著作《孟子手音》,着眼于字、词的考析,在总体思想源流分析方面,较为粗疏,所以宋人孙奭批评"张氏则徒分章句,漏落颇多,丁氏则稍识指归,伪谬时有"(《孟子序》)。

进入宋代,随着孟子思想越来越受时人重视,《孟子》研究也形成继汉以后的又一高潮。宋初孙奭,字宗古,历任国子监直讲、龙图阁学士,位至太子少傅。他在张镒、丁公著二人研究的基础上,奉诏校订《孟子》,撰《孟子音义》,"讨论音释,疏其疑滞,备其阙遗",影响很大,有多种版本传世。

南宋大儒朱熹,是《孟子》研究史上总结前人,启迪后者,罕有其匹的一代宗师。朱熹一生服膺孔、孟,自称"某于《论》《孟》,四十余年理会"(《朱子语类》)。他殚精竭虑,作《孟子集注》,以宋儒理气之说为纲,博采汉、唐诸家精华,融会贯通,成一家言。其特点是文字简约,见解精当,立论谨严。朱熹的本意,是借先秦儒学开山之语,为自己建立的性命义理之说张目,寻求理论依据,带有强烈的主观意图,因而在《孟子集注》中不免也有改铸先贤、"六经注我"的倾向。《孟子集注》面世,开创了《孟子》研究以朱熹之说为圭臬的一统局面。不少后继者,或慑于朱子的声望,或拘于本人的学识,研究《孟子》,很难超出朱熹《孟子集注》的藩篱,如真德秀《四书集编》内的《孟子集编》十四卷,赵顺孙《四书纂疏》中的《孟子纂疏》等,便属此类著作。

宋人注《孟子》,还有苏辙的《孟子解》、张栻的《癸巳孟子说》、金履祥的《孟子集注考证》等多种,虽亦间有可取之处,但从整体上看,均不足以与朱熹之作相提并论。

元、明两朝,《孟子》研究基本上循朱熹之轨范,少有新颖之作出现,偶有在考据、诠释方面脱出《孟子集注》窠臼的,如薛应旂《四书人物考》、陈仁锡《四书考》中有关孟子的内容,也属新意无多,影响甚微。

清代考据学大兴,至乾、嘉时期,达于极盛。《孟子》研究也随之进入又一高潮。戴震撰《孟子字义疏证》,以问答形式对《孟子》中涉及的理、天道、性、仁义、诚、权等关键概念范畴一一展开讨论,真知灼见,时有所现。戴震自称"仆生平著述最大者,为《孟子字义疏证》一书,此正人心之要。今人无论正邪,尽以意见误名之曰理,而祸斯民,故《疏证》不得不作"。《孟子字义疏证》重在说理而不在考证,且多借《孟子》字义发挥戴氏自己"气化流行""理存于欲"的反理学主张,其意不在专释《孟子》。与此不同,真正体现乾嘉之学本色的是周广业的《孟子四考》和崔述的《孟子事实录》。两书在逸文、异本、古注及孟子本人经历等方面,多有确凿考据成果,不少堪称的论。

清道光五年(1825年),焦循的《孟子正义》三十卷刊行,这是《孟子》研究史上空前的力作。焦循,字理堂,既是数学家、戏曲理论家,又是经学家。他科场不得意,遂绝意进取,归隐村舍,潜心著述,在其子廷琥的协助下,经过数年努力,完成了这部70余万言的巨著。《孟子正义》以赵岐的《孟子章句》为基础,博采前人60余家研究《孟子》的心得,如理气命性取戴震、程瑶田之说,井田封建取顾炎武、毛奇龄之说,天文历算取梅文鼎、李光地之说,地理水道取胡渭、阎若璩之说,逸书考订取江声、王鸣盛之说,六书训诂取王念孙、段玉裁之说,版本校勘取阮元、卢文弨之说,以此解全书十难之八九。对于众说纷纭之处,多方考证,"以己意裁成损益于其间",以求完善。尤其难能可贵的是,焦循突破"疏不破注"的成法,"于赵氏之说或有所疑,不惜驳破以相规正"(《孟子正义》),体现了严肃学者的创新精神与科学态度。近人范希曾认为"清儒注

《孟子》,焦书最完善"(《书目答问补正》),是符合实际的评判。

焦氏以后,又有数十种研究孟子的专著问世,但大多内容平平。唯俞樾的《群经平议·孟子》较有价值。另外值得一提的是,晚清维新运动的首领康有为于光绪二十七年(1901年)撰成《孟子微》一书,将《孟子》七篇完全打散,按己意重新编排,加以解说。康有为解释这一超凡之举的动因:"《孟子》七篇,大义微言,纷纶散见,读者难于领会。今提其要而钩其玄,揭其大义于首篇,而次其纲领节目,俾学者开卷可以知孟子大道之全。孔学之要,入圣之门,亦于是乎在。学者所宜留意焉。"(《孟子微·总论》)其实,读者真正"所宜留意"的,是康有为"托古改制"的一贯手法。他真正关心的,绝非复兴孔、孟之儒学,而是借中国老百姓熟悉的儒学古装,来演出资产阶级的历史新场面。因此,《孟子微》所论的《孟子》,已经与历史的本来面目相去甚远了。

3. 孟子地位的历史变迁

在儒学系统中,孔子的先师、至圣地位,向无动摇。而孟子则大不相同。

孟子晚生于孔子近200年。孟子出生时,孔儒之学已显流派纷呈之势。孟子择其善者而从之,承曾子、子思之绪，成为这一流派的集大成式代表人物。韩非子称孔子之后，"儒分为八"，"有子张之儒，有子思之儒，有颜氏之儒，有孟氏之儒，有漆雕氏之儒，有仲良氏之儒，有孙氏之儒，有乐正氏之儒"（《韩非子·显学》）。韩非子的这一划分，并非十分准确，但他毕竟道出这样一个历史事实：在战国时代，孟子仅仅是儒学之一派的领袖人物，地位远不如后来那么高高在上，仅次于孔子一人之下。

秦始皇统一中国，在治国方略上以严刑峻法的法家思想为指导。胡亥继位，尤其热衷于法家阴惨刻毒的一面。鼓吹仁义礼智的儒学由"显学"沦为扫荡对象。赵岐在《孟子题辞》中说："逮至亡秦，焚灭经术，坑戮儒生，孟子徒党尽矣！"措辞虽嫌过分，但也大致描画出儒学及孟氏地位之衰微。

秦皇父子急功近利，倒行逆施，结果闹得天怒人怨，二世而亡。汉兴之初，吸取秦亡之教训，崇尚黄老，行"无为"政治，儒学仍未彰显。至武帝即位，一反先祖故训，重订国策。儒学大师董仲舒脱颖而出，鼓吹"罢黜百家，独尊儒术"：

> 诸不在六艺之科、孔子之术者，皆绝其道，勿使并进。邪辟之说灭息，然后统纪可一而法度可明，民知所从矣。（《汉书·董仲舒传》）

武帝欣然应允，儒学至此超拔于众学之上，但这并不同时意味着孟子声望的上升。相反，根据当时的记载，孟子在学术界的地位，似乎还略有下降。武帝之先，其父汉文帝"欲广游学之路，《论语》《孝经》《孟子》《尔雅》皆置博士"（《孟子题辞》），称为"传记博士"。武帝废此设置，专立时人认为经典的《诗》《书》《易》《礼》《春秋》五经博士。武帝以后，学者对《论语》《孟子》的看法，大有区别。《论语》已成专门之学，有专家教授，而《孟子》虽也广被称引，但却未成独立之学。这种区别的明显证据是，班固作《汉书·艺文志》时，将《论语》归入六艺类，亦即后世划分的经类，而将《孟子》归入诸子类。可见在班固看来，《孟子》连做经典的注释传记的资格都没有。尽管赵岐已把孟子尊为"亚圣"，但在汉代一般士人心目中，孟子的地位远不及孔子，见诸史籍，则"周孔""孔颜"之说颇多，而鲜见"孔孟"合称的。王充等人更对孟子持激烈反对态度，《论衡·刺孟篇》批评孟子"违道理之实""不知言""终始不一"，"不知天"，一语以蔽之："与俗儒无殊。"

孟子由"八儒"之一上升到与孔子齐肩并称，始于中唐而终于宋。现代学者周予同称之为"孟子升格运动"（徐洪兴对此做过专门探讨，文载《中国社会科学》1993年第5期）。这一过程，历时约5个世纪。

唐初100多年，孟子地位与汉时相当。高祖、太宗、高宗三朝曾发生国子学当祭周公、孔子，还是当祭孔子、颜回的争论，与孟子毫不相干。玄宗封颜回为"亚圣""兖国公"，同时还分别封"孔门十哲"和"七十子"为侯、伯，80人的庞大队伍，都没有孟子的厕身之地。当时科举考试的科目有《诗》、《书》、《易》、三礼及春秋三传等"九经"，《论语》和《孝经》列入"兼通"之科目，《孟子》未能入选。

唐代宗宝应二年（763年），礼部侍郎杨绾上疏，建议将《孟子》与《论语》《孝经》一起，列入"兼通"之"经"，作为明经科考试科目之一。但未得应允。

唐代"孟子升格运动"中倡导最有力的，是大儒韩愈。韩愈在《原道》一文中，明确提出儒家"道统"的完整体系：

> 尧以是传之舜，舜以是传之禹，禹以是传之汤，汤以是传之文、武、周公，文、武、周公传之孔子，孔子传之孟轲。轲之死，不得其传焉。

很显然，这一段叙述，是从《孟子》最后一章最后一段"由尧舜至于汤，五百有余岁……由孔子而来至于今，百有余岁，去圣人之世若此其未远也，近圣人之居若此其甚也，然而无有乎尔，则亦无有乎尔"脱胎而来，只不过在孔子之后，再续上孟子的大名，而这正是当年孟子自己想说而不便说、想写而不便写的心里话。孟子已将儒家道统从尧舜排列至孔子,并在其内心以这一道统的传人自居。韩愈看出这一点,肯定这一点,并把它公开挑明,赫然形诸文字,大白于天下,确系有胆有识之举。

说有胆,是因为在朝廷已"钦定"颜回为"亚圣",且学坛对孟子普遍不感兴趣的情况下,韩愈拔孟子于孔子之后,敢于"反潮流",不仅需要有学术勇气,更要有政治勇气。说有识,是因为韩愈出此之论,并非浅薄之徒的哗众取宠,而是有相当实在的理由。第一,孔、孟之间的"道统"联系,不完全是韩愈自己别出心裁的创造,而是以孟子本人非常自觉地续尧、舜、禹、汤、文、武、周公、孔子之"统"的意识为根据。第二,孟子这一续统意识,在当年就有实际行动作验证,并非空言。战国时代,孔儒之学所遇到的强劲之敌,一是杨朱之学,二是墨翟之学,"天下之言不归杨,则归墨"。孟子认为,"杨氏为我,是无君也;墨氏兼爱,是无父也。无父无君,是禽兽也",杨、墨之学与孔儒倡导的仁义礼智之说,完全背道而驰,所以,"杨墨之道不息,孔子之道不著"。孟子为此既忧且惧,于是挺身而出,以捍卫先圣之道为己任:"我亦欲正人心,息邪说,距诐行,放淫辞,以承三圣者;岂好辩哉?予不得已也。"(《滕文公下》)据此,韩愈才说:"然向无孟氏,则皆服左衽而言侏离矣!故愈尝推尊孟氏,以为功不在禹下者,为此也。"(《与孟尚书书》)

韩愈扬孟之说,在唐代并未得到士人的广泛响应,更未得到朝廷的认可。只有个别有识之士,如唐末皮日休,表示认同。皮氏不仅赞成韩愈以孟承孔的道统说,而且将韩愈比作当代的孟子,"千世之后,独有一昌黎先生"(《原化》)。他认为,"《孟子》之文,粲若经传……其文继乎六艺,光乎百氏"(《请〈孟子〉为学科书》),建议朝廷将《孟子》列入明经科考,但未获准。

宋初承唐之制,国子监仍祭孔、颜,明经取士仍考"九经",虽亦有柳开、孙奭等人继承韩、皮推崇孟子,但影响甚微。及至仁宗庆历以后,"孟子升格运动"方渐入高潮。

庆历年间(1041—1048年),范仲淹、欧阳修等推行"新政",在学术思想上继承"文起八代之衰"的韩愈,抵制佛、道,重振儒学,"尊孟"之论大行其时。范仲淹"先天下之忧而忧,后天下之乐而乐"的千古名言,便是源于孟子"乐以天下,忧以天下"的仁义情怀,欧阳修更直言:"孔子之后,唯孟轲最知道。"(《与张秀才第二书》)除了这些政界名流之外,学坛领袖人物孙复、石介等,也高扬孟子。孙复认为,"孔子既没,千古之下,攘邪怪之说,夷奇险之行,夹辅我圣人之道者多矣,而孟子为之首"(《孙明复小集·兖州邹县建孟庙记》);石介重申孟子辟杨、墨,息邪说,继孔道的历史功绩,表示自己要继承这一精神,"吾道固如是,吾勇过孟轲"(欧阳修《徂徕石先生墓志铭(并序)》),排斥佛、老,弘扬儒学。

庆历以后,"尊孟"几成学界共识。程颐、程颢认为,"圣人之学,若非子思、孟子,则几乎息矣","孟子有功于道,为万世之师"。有人问:"孟子还可以为圣人否?""二程"回答:"未敢便道他是圣人,然学已到至处。"他们还提出,"学者当以《论语》《孟子》为本。《论语》《孟子》既治,则六经可不治而明矣","《论》《孟》如丈尺权衡相似,以此去量度事物,自然见得长短轻重"(《河南程氏遗书》)。由此可见,在"二程"心目中,《孟子》不仅已等同于神圣之"经",而且简直已凌驾其上了。

王安石尊孟,虔诚至极。他以孟子作为自己的人生楷模:"欲传道义心虽壮,学作文章力已穷。他日若能窥孟子,终身何敢望韩公!"(《奉酬永叔见赠》)神宗熙宁年间,王安石主持变法,借行政权力将自己的尊孟意向付诸实际,熙宁四年(1071年),《孟子》被列入科举,这在孟子地位变迁史上具有重要意义,表明尊孟已不仅是一股思潮,而且成为士人登进的必由途径;对孟子的态度,已不仅仅是个人好恶、学术观点的问题。熙宁七年(1074年),准立孟轲像于朝廷。元丰六年(1083年),孟子受封为邹国公。次年,又被允配享孔庙。朝廷的权威,使孟子地位的升格成不可逆转之势,并得以政治化、法律化。宣和年间(1119—1125年),《孟子》首次被刻石,正式进入"经书"行列,在中国文化史、学术史上具有元典意义的"十三经",至此齐备,再无增益(另十二经为《周易》《尚书》《诗经》《周礼》《仪礼》《礼记》《左传》《公羊传》《谷梁传》《论语》《孝经》《尔雅》)。

进入南宋,陆九渊、朱熹等大儒都极力尊孟,影响了一代学风。陆九渊自称其学"因读《孟子》而自得之"(《陆九渊集》),明人王阳明也认为,"陆氏之学,孟氏之学也"(《阳明全书》)。至于朱熹,幼时读《孟子》,见到"圣人与我同类者,喜不可言"(王懋竑《朱子年谱》)。他积"四十余年体会",博采前人,取精用宏,撰《孟子集注》,将《孟子》研究推进到一个新高度。宁宗嘉定五年(1212年),《孟子集注》与《论语集注》被立为官方之学。理宗淳祐四年(1244年),朝廷下诏,正式承认"二程"、朱熹上接孔、孟"道统"。"至此为止,'孟子升格运动'基本完成"(徐洪兴《唐宋间的孟子升格运动》)。

宋代以降,孔、孟并称,渐成时论。蒙古贵族入主中原,认同汉族文化。仁宗皇庆二年(1313年),宣布恢复科举制度。延祐年间(1314—1320年),又决定考试以明经试士,废除汉唐以来的词赋取士之法,并规定"明经内'四书''五经',以程子、朱晦庵(朱熹)注解为主"(《通制条格》),《孟子集注》成为士子苦心研习的必读之书。当时,"四书讲章,浩如烟海",孟子在士人心目中的地位及其社会影响，随之大升。元文宗至顺元年（1330年），孟子被封为"邹国亚圣公""亚圣"之号，至此成为官方特准的称号，而非汉时赵岐个人的推崇。明世宗嘉靖九年(1530年)，礼部会议，"今宜于孔子神位题至圣先师孔子……其四配称复圣颜子、宗圣曾子、述圣子思子、亚圣孟子"，帝"命悉如议行"(《明史·志第二十六》)，再次肯定了孟子的"亚圣"地位。

孟子本为战国时期孔儒学说之一派的传人，但在他身后1 000多年，却被尊为仅次于"至圣"孔子的"亚圣"，显然有其社会的、文化的、学术的多方面原因。鲁迅曾说："总而言之，孔夫子之在中国，是权势者们捧起来的。"（《且介亭杂文二集·在现代中国的孔夫子》）同样，孟子地位的上升变迁，当然也有历代统治者及思想家出于种种争政统、争道统、争学统的目的而极力褒扬的动因在内，但最根本的，还在于孟子思想自身的特殊内容及价值。

南宋施德操在《孟子发题》中指出：

> 孟子有大功四：道性善，一也；明浩然之气，二也；辟杨、墨，三也；黜五霸而尊三王，四也。是四者，发孔氏之所未谈，述六经之所不载，遏邪说于横流，启人心于方惑，则余之所谓卓然建明者，此其尤盛者乎！（《宋元学案·横浦学案》）

施氏的归纳准确与否，当然还可以讨论。例如，孟子明显自觉的儒学"道统"思想，就为后人提供了一个极好的继承孔儒之学并加以发展的现成理论基础，韩愈、朱熹等人均对此表示出浓厚的兴趣，并且力图以自己去承接这一"道统"。为了使这一"道统"不致断线，将孟子排在孔子之后，就成为顺理成章的选择。加之孟子的思想本身，确实在许多方面补充、深化、发展了孔子之学，于是孟子取得"亚圣"的尊号，便具有了一定的历史合理性和必然性。至于如何具体评价孟子思想（《孟子》所载内容）对孔子学说的发展，对中国文化的影响，正是本书以下部分所要完成的任务。

二 "心性"说与儒学的"内圣"走向

人们常用"内圣外王"来概括孔儒之学"修身齐家治国平天下"丰富内涵中相互联系的两个侧重层面。在孔子那里,"内圣"(内在的主观伦理修养论)与"外王"(外在的客观社会政治论)是浑然一体的。前者,即"仁学";后者,即"礼学"。孔子一向并重"仁""礼",主张把"修己以安人"与"修己以安百姓"(《论语·宪问》)相贯通。孔子思想的一个显著特点,就是将外在的等级制度、社会"名分"、历史传统与内在的伦理意识、道德要求、品格修养紧密联系起来,贵仁隆礼,不可分割。这正是儒学在起始阶段内容繁复而理论浑朴的体现。

孔子以后,儒学的浑朴形态发生了进化,日益趋向精致、细密、成熟。在这一过程中,孟子和荀子贡献尤多。要而言之,孟子发展了孔儒的"内圣"之学,而荀子则发展了孔儒的"外王"之学。荀子对孟子的诸多批评，其根源正在于二人对于孔子思想重心的把握存在着明显分歧。孟子强调的是人的"心性"修养，通过"正人心"来达到"息邪说，距诐行，放淫辞"的目的，因此他对于孔子的"礼"学，并不重视，声明"诸侯之礼，吾未之学也"(《滕文公上》)，对于讲求"外王"之术，事功显著的齐桓公、管仲等人，也十分反感，称"仲尼之徒，无道桓文之事者"(《梁惠王上》)。孟子认为，"天下之本在国，国之本在家，家之本在身"(《离娄上》)。只要把人内心固有的仁义礼智的"四端"发掘出来并持之以恒，便"足以保四海"(《公孙丑上》)。所以他讲"仁政"，首先从君主的"不忍人之心"讲起，推衍而为"不忍人之政"(《公孙丑上》)。

荀子则不同。他强调的是人的社会性，强调以礼制秩序来规范人际关系，所以他对于孔子"礼"学，予以高度重视："人无礼则不生，事无礼则不成，国家无礼则不宁。"(《荀子·修身》)"规矩者方圆之至,礼者人道之极也。"(《荀子·礼论》)他将行礼与为政的关系,比之于牛拉车："礼者，政之挽也。"(《荀子·大略》) 基于这种认识，荀子对于孟子所鄙夷的平治天下的"外王"之术，津津乐道："一天下，财万物，长养人民，兼利天下，通达之属，莫不从服。"(《荀子·非十二子》)

孔子以后，儒学在"内圣"与"外王"的理论走向上发生了歧异。荀子重"礼论",讲"王制""议兵""强国"(均为《荀子》篇名),代表了儒学的"外王"走向;而孟子创辟的"心性"之学,代表了儒学的"内圣"走向。相比而言,孟子比荀子对后世儒学的影响更大。宋代的"二程"、朱熹,尤其是陆九渊及明代的王阳明,继承了孟子的"心性"之学,并加以发挥,使儒学"内圣"化为"理学",占据了中古以后中国学术的正宗地位。而荀子的"外王"之学,长期居于旁枝境地,未得充分发育。孟子之所以能以"亚圣"资格独居孔子之后,其"心性"之说的巨大历史影响,是至为关键的因素之一。

1. 从孔子的仁、礼并重,到孟子的专注"心性"

孔子学说,有两个并重的方面,一为"仁",二为"礼"。"礼",即社会行为的规范,在孔子那里,"礼"又特指"周礼"。孔子极度推崇周代的文物制度,一再声明"吾从周"(《论语·八佾》),要求用周礼来约束人们的一切行为:"非礼勿视,非礼勿听,非礼勿言,非礼勿动。"(《论语·颜渊》)他非常强调"正名",就是要辨正礼制等级的名称和名分,严格遵守"君君、臣臣、父父、子子"的等级秩序,使人人都明白自己在社会中所处的位置,控制自己的各种欲望,使之不超出由名分规定的度量范围,从而消除春秋时代"礼崩乐坏"的社会大动乱,恢复天下大治。对于孔子的这一思想，荀子理解得十分透彻。他在诠释"礼"从何而来时，说道：

> 礼起于何也？曰：人生而有欲，欲而不得，则不能无求，求而无度量分界，则不能不争。争则乱，乱则穷。先王恶其乱也，故制礼义以分之，以养人之欲，给人之求，使欲必不穷乎物，物必不屈于欲，两者相持而长，是礼之所起也。(《荀子·礼论》)

正因为"礼"从其发生之时，便具有调节人的欲望与物质供给二者之间的关系，使"两者相持而长"，从而维护社会稳定的重要功能，所以孔子反复宣扬"学礼"的必要性，"不学礼，无以立"(《论语·季氏》)。孔子心目中的"礼"，内涵十分丰富。举凡政治秩序，社会礼仪，风俗习惯，无不囊括于内。他说："道之以德，齐之以礼，有耻且格。"(《论语·为政》)用道德来引导民众，用礼来统一要求他们。这样，老百姓不但知道廉耻，而且会心甘情愿地归服。孟懿子向孔子询问什么是"孝"，孔子回答："不要违背礼。父母在世时，按照礼来侍奉他们；去世后，按照礼来安葬、祭祀他们，这就是孝。"(《论语·为政》)子贡对每月初一祭祀祖庙要杀死一只活羊感到可惜，主张去掉这一有名无实的礼仪。孔子不同意，批评道，"尔（你）爱其羊，我爱其礼"(《论语·八佾》)，认为此礼不可废。

孔子又认为,"礼"的实行,要靠人的自觉,要靠内心修养。"人而不仁,如礼何?"(《论语·八佾》)一个人连起码的仁德都不具备,怎么能行礼呢?所以在"隆礼"的同时,孔子又"贵仁"。一部万余字的《论语》,论及"仁"竟达109次,可见他对"仁"重视到何种程度。

在不同场合,孔子对"仁"有多种解释。但归纳起来,不外"爱人""忠恕"之义。"仁"者"爱人",就是从亲爱血缘亲近的父母兄弟开始,推而广之,亲爱天下之人。"入则孝,出则悌,谨而信,泛爱众,而亲仁"(《论语·学而》)。怀有亲亲尊尊的情感,便是仁。从"爱人"出发,推己及人,便有"忠恕"。曾参说:"夫子之道,忠恕而已矣。"(《论语·里仁》)据朱熹解释,"尽己之谓忠,推己之谓恕"(《四书章句集注》)。"忠"是严于律己,"恕"是宽以待人。从积极的一面讲,"己欲立而立人,己欲达而达人"(《论语·雍也》),自己要站得住,也要使别人站得住;自己要事事行得通,也要使别人事事行得通。从消极的一面讲,"己所不欲,勿施于人"(《论语·卫灵公》),自己不想要的东西,也不要强加于人。只要以"爱人"的"忠恕"之心去熏陶社会的每一个成员,使之养成"仁"的伦理自觉,"为仁由己"(《论语·颜渊》),克制各自的欲望,遵守各自的名分,全社会"礼"制的建立,便水到渠成了。

在孔子的思想体系里,"仁"与"礼"的关系,是内与外的关系，或者说是质与文的关系。"质胜文则野，文胜质则史。文质彬彬，然后君子。"（《论语·雍也》）仁是本质，礼是形式，仁本于内，礼标于外，二者兼备，缺一不可。

孟子对孔子，心仪已久。但对其思想，又不是照单全收，而是有所分别，有所择取，有所扬弃，有所发展。这突出地表现在他的"心性"之说中。孔子是内外兼顾，仁礼并重；孟子则是重内轻外，专注"心性"。孔、孟之学的最大区别，正在于此。

在孟子心目中，"礼"的地位大为降低。"礼"不再是人们行为的绝对规范。"非礼之礼，非义之义，大人弗为。"（《离娄下》）《孟子》一书中出现的"礼"，已经不再是孔子视为圭臬的周代礼制之"礼"，而仅仅是一般的礼节之义。另一方面，对于"仁"，孟子又进一步强化了它的"人心"修养含义，"君子以仁存心，以礼存心"（《离娄下》），"仁，人心也"（《告子上》），将孔子"仁学"发展为系统的"心性"之学。《论语》一书，"心"字仅六见，且多为泛泛而言，如"七十而从心所欲"（《论语·为政》）等。涉及"性"则更少，仅两次。子贡曾说过，"夫子之言性与天道，不可得而闻也"（《论语·公冶长》），从未听到孔子谈论"性"的问题。孟子则不然。《孟子》全书中，"心"字出现多达117次。本心、存心、养心、动心、放心等概念，"心之官则思"等命题,心与性、心与情、心与天等关系的论述,比比皆是。"性"字也出现37次。人之"性",君子之"性","天下之言性",屡见不鲜。孔子偶然提到的"心"与"性",在孟子这里,成为着意阐发的核心范畴。对于人的内心世界运作规律的探求,是孟子思想的最重要部分。孟子以前的先秦哲人,少有专论心者。"孔、墨、老都没有论心的话;第一个注重心的哲学家,当说是孟子。"(张岱年《中国哲学大纲》)从此意义上讲,孟子"心性"之说,不仅是对孔子"仁"学的发展,而且在中国哲学史上也具创榛辟莽、开启山林之功。

2."心性"说的结构与内涵

孟子的"心性"之说,是一个逻辑严密、结构宏大、内涵丰富的理论体系。它从论证人之所以区别于动物的"心"的思维功能开始,"心之官则思"(《告子上》),进而揭示"心"的内涵为仁、义、礼、智"四端",又从"四端"中引出"性"的概念,认为性在于心:"君子所性,仁义礼智根于心。"(《尽心上》)"心"是"天之所与我者"(《告子上》),因而"性"也就是人所固有的本质,即"人性"。人性的仁、义、礼、智均为"善端",所以孟子"称尧舜","道性善"(《滕文公上》)。人性的善端,虽然是生而有之,但如若不注意保护,也会丢失。据此,孟子又着力探求"存心养性"之道，以为世人指点迷津。在完成了上述理论行程之后，孟子将其"心性"说提高到认识论与本体论、人生观相结合的高度，提出"尽其心者，知其性也。知其性，则知天矣。存其心，养其性，所以事天也。夭寿不贰，修身以俟之，所以立命也"(《尽心上》)。充分扩张善良的本心，也就懂得了人的本性。懂得了人的本性，也就懂得了天意。保持本心，培养本性，这就是对待天意的态度。一个人短命也好，长寿也好，都不要三心二意，要修养身心，等待天意的安排，这便是安身立命的根本方法。

（1）"心之官则思"

孟子认为，"人之所以异于禽兽者几希"(《离娄下》)，这"几希"的关键之处，就在于人有"心"而禽兽无"心"。"心之官则思，思则得之，不思则不得也。此天之所与我者"(《告子上》)。心这个器官的功能在于思考。思考便能有所收获，不思考则一无所获。这是上天赋予我们人类的特殊恩惠。我们的先辈尧、舜等人，正是充分发挥了心的思维功能，"明于庶物，察于人伦"(《离娄下》)，因而成为圣贤。

人与动物，同是自然界的生灵，都有"体"。但是，人之"体"，有贵贱、大小之分。孟子认为，小体即肉体，即一般的"食、色"等动物性，是人与动物的相同之处；大体即心，即人特有的思维功能，是人之所以为人而与动物相区别的根本所在。一个人如不能意识到这一点,便会将自己降低到动物的水平。只知道吃吃喝喝,不知道训练思维意识的功能,"则人贱之矣"(《告子上》),大家都看不起他。人类正是由于能凭借上天赋予的"心"的思维功能,才吃一堑,长一智,总结经验,吸取教训,逐步成熟起来。"人恒过,然后能改;困于心,衡于虑,而后作。"(《告子下》)人常常犯错误,但他们总能改正。犯了错误,遭受挫折之时,通常感到心思困苦,胸臆横塞,而这正是人"心"的思维功能发挥效能的绝好时机。经过慎重的思考,检讨错误,寻求真理,然后发愤而起,才能有所作为,有所进步。个体也罢,群体也罢,都是如此。

人所独具的"心"的思维功能,是人生而有之的灵气之源。孟子说:"人之所不学而能者,其良能也;所不虑而知者,其良知也。"(《尽心上》)过去不少论者常常揪住这句话,批评孟子的"先验论""唯心论",其实是张冠李戴,批错了对象。孟子所论人所具有的"天之所与"的"心"以及由此而推及的"不学而能"的"良能"、"不虑而知"的"良知",本义都是在强调人具有不同于一般动物的、与生俱来的、潜在的智能。尽管孟子未能正确地说明这种"智能"如何形成(这一问题由于其在生理学、心理学及社会历史学等方面的广博的知识要求,在孟子之后两千年,才经由一大批卓越的近代思想家们共同给予了初步的答案。例如，恩格斯的"劳动创造了人"的观点，就是为回答这一千古之谜做出的贡献之一），但他敏锐地看到"智能"存在这一事实，并且以明晰的语言提醒人们注意这一事实，这理应受到我们的尊重、钦佩，而不是不负责任地胡乱批评。

其实，关于"良知""良能"，近千年来的历代学者，多有符合孟子本义的阐释。北宋张载说，"诚明所知，乃天德良知"（《正蒙·诚明》），明代王阳明认为"良知"为"人人之所同具者也"，"不假外求"，"良知者，心之本体"，进而指明："良知是造化的精灵。"（《王文成全书》）近人章太炎则以"是非之心"言良知，称"良知犹佛家言本觉"（《菿汉昌言·经言二》）。关于"良能"，明清之际的王夫之认为它有"灵"有"神"，人的耳、目等器官如果没有这种"灵"与"神"的贯彻，就不能摆脱"凝滞"之质，也就不能使人类成为万物之灵。与王夫之同时代的李颙，更明确指出，"良能"为人皆有之的"灵原"："人人俱有此灵原，良知良能，随感而应。"（《二曲集·学髓》）

"心之官则思"，人由于有能思之官而独具"良知""良能"，良知、良能为人类灵感、灵气、灵魂之本源。这便是孟子"心性"说的理论基点，或者说理论内核。

(2)"仁义礼智,非由外铄我也,我固有之也"

"心之官则思","思"什么?孟子认为,首先是"思"仁、义、礼、智。换言之,仁、义、礼、智即"心"的内涵。从这一层意义上,孟子又将"天之所与我"之"心",划分为具体的恻隐之心、羞恶之心、辞让之心、是非之心,人皆有之的这四心,分别与仁、义、礼、智一一对应。他说:

> 恻隐之心,仁之端也;羞恶之心,义之端也;辞让之心,礼之端也;是非之心,智之端也。(《公孙丑上》)

"端",在这里是开端、萌芽之义。孟子认为,人生而有之的恻隐之心,是仁的萌芽;羞恶之心,是义的萌芽;辞让之心,是礼的萌芽;是非之心,是智的萌芽。这种萌芽,在婴儿阶段,没有受到破坏,保持着纯真的本原状态,孟子把它称作"赤子之心"(《离娄下》),又称作"本心"(《告子上》)。他说,"大人者,不失其赤子之心者也"(《离娄下》),即有德行的人,便是能保持婴儿那种天真纯朴之心的人。又说,如果某人丧失了纯真的是非、羞耻之心,贪不义之财,受嗟来之食,"此之谓失其本心"(《告子上》)。

仁、义、礼、智的萌芽,先天地存在于人心之中,所以孟子强调:"仁义礼智,非由外铄我也,我固有之也。"(《告子上》)与前面提到过的对"良知""良能"的误解相联系,过去不少论者对孟子的"仁义礼智"非外界授予,而是"我固有之也"的观点多有批评,认为这是典型的道德唯心论。但是只要我们认真体察孟子的本义,便不会得出这一似是而非的结论。

联系孟子关于仁、义、礼、智的全部论述,我们不难发现,他所说的"我固有之"的,并非仁、义、礼、智这四种品德本身,而是这四者的开端、萌芽。简言之,这"四端"可以发展为"四德",但"四端"并不等同于"四德"。这是其一。其二,先天具备可以发展的基础,并不意味着先天地决定了发展的必然成功。如果不注意保护,先天具备的仁、义、礼、智"四端"也会夭折,"赤子之心"也可能丧失。孟子明确地指出这种情况出现的现实可能性,称之为"放心"。"放",在这里是"丢失""亡佚"之义。实际上,孟子从来没有断言在任何人身上,仁、义、礼、智"四端"都必然能够发展而为"四德",相反,他倒是屡屡提醒人们注意,要精心地呵护这些娇嫩的萌芽,使之茁壮成长,而不能掉以轻心,致其枯萎。

就在论述了恻隐、羞恶、辞让、是非之心是仁、义、礼、智之端之后,孟子紧接着说了下面这一段至关重要的话:

> 凡有四端于我者,知皆扩而充之矣,若火之始然,

泉之始达。苟能充之,足以保四海;苟不充之,不足以事父母。(《公孙丑上》)

所有自身具备这四种开端的人,如果知道将它们扩充、光大,便会像刚刚点燃的火,终成燎原之势;像刚刚喷涌的泉,汇成滔滔江河。如果能够充分发扬这四端,便足以安定四海,平治天下;如果不能充分发扬它们,那么就连父母都赡养不起。

"苟能充之","苟不充之",孟子在这里非常明确地指出人先天具有的仁、义、礼、智"四端"的两种可能前途。"充"与"不充",一字之差,后果迥异。不能发扬光大"四端",仁、义、礼、智便会丧失殆尽;相反,如果发扬光大,仁、义、礼、智便会在人心中充盈起来,"不可胜用"。"人能充无欲害人之心,而仁不可胜用也;人能充无穿逾之心,而义不可胜用也;人能充无受尔汝之实,无所往而不为义也。"(《尽心下》)人能够把不想害人之心扩而充之,仁便用不尽了;人能够把不挖洞跳墙行窃之心扩而充之,义便用不尽了;人能够把不受别人鄙薄的言行扩而充之,那么无论到哪里,都不会做出不义之举。显而易见,孟子在肯定人先天具有仁、义、礼、智"四端"的前提下,更加强调后天扩充这"四端"的重要意义。

尤其值得注意的是,孟子在指出仁、义、礼、智"四端"

也存在着夭折或丢失的可能性之后，又为一旦出现这种情况应该怎么办，提出了补救的方法。他说："仁，人心也；义，人路也。舍其路而弗由，放其心而不知求，哀哉！"（《告子上》）一个人如果放弃了仁义的正道而不走，偏要行歪门邪道，丧失了生而有之的"本心"，那该是多么悲哀！饲养的鸡、犬丢失了，人们尚知外出寻找，那么，一旦丢失了仁义之端的"本心"，为什么不去寻找回来呢？

先天具有的"本心"，也会丢失。丢失了怎么办？将它寻找回来！"学问之道无他，求其放心而已矣。"（《告子上》）孟子认为，学问之道没有别的，就是把那丧失的仁、义、礼、智之端寻找回来罢了。后天丢失的"本心"，又通过后天的学习，将它恢复。这"寻找回来的世界"，必将与它未曾丢失之前同样精彩。

当然，如若能保持"赤子之心"，使之不曾丢失，让仁、义、礼、智"四端"，健康成长，那最好不过。如何做到这一点，孟子也有诸多论述，我们将在稍后展开讨论。

（3）性根于心而践于形

人之"性"，是古今中外的哲学家、思想家们普遍关注的问题。

早在春秋时代，文献记载中已经屡屡出现关于"性"的论述。《左传·昭公十九年》载沈尹戌与侍者的对话，说"民乐其性",是指君主"节用于内,而树德于外",老百姓对自己的生存状态,表示满意。《诗经·大雅·卷阿》唱道:"岂弟君子,俾尔弥尔性,似先公酋矣。"快乐平易的君子,使你的性命,无病困之忧,长久继承祖宗的事业。这里的"性",是生命、性命之义。另外,《国语·周语上》记:"先王之于民也,茂正其德,而厚其性。"说的是先王对于老百姓,努力使他们的品德美好,性情淳厚。这里的"性",则是指人的性情。孔子也在这一层意义上论及人之"性":"性相近也,习相远也。"(《论语·阳货》)人的性情原本是相近的,由于后天习染的不同,便发生区别,相距远了。

人之"性",是人的生命的形式,是人的本质的体现,是人与自然界、人与动物的区别所在。所以,孟子在关注人之特有的"心"的思维功能的同时,必然地将它与人"性"的问题联系起来,加以考察。他的基本观点是:人之性,植根于人之心。人的性情、本性,取决于人心的思维运作。这就将春秋以来关于人性问题的探究,大大地深化了一步。

孟子认为,"天下之言性也,则故而已矣。故者以利为本"(《离娄下》)。讨论人性问题,应该顺其自然之势,自然之理。什么是人性的自然之势与自然之理呢?孟子与告子之间,发生了一场著名的争论。

告子认为,"生之谓性",天生的本质叫作性。

孟子追问:这就是说,白羽毛的"白"与白雪的"白",

白雪的"白"与白玉的"白"是没有区别的吗?《告子上》

告子答:是这样的。

孟子反诘:那么,难道狗性与牛性,牛性与人性,也没有区别吗?

显然,孟子不赞成告子以"生之谓性"为理由,将人性与一般的动物性相混同的观点。他认为,人性与动物性,是有根本区别的。这一区别就在于人有"天之所与"的"心",有"心"所内含的仁、义、礼、智之"端"。他说:"君子所性,仁义礼智根于心。"(《尽心上》)"根于心"的"仁义礼智",通过人的脸部表情、形体动作表现出来,因而是不言而喻的。正因为如此,孟子指出,观察一个人的本性,没有比观察他的眼睛更便捷的了。孟子是这样说明"眼睛是心灵的窗户"的道理的:

> 存乎人者,莫良于眸子。眸子不能掩其恶。胸中正,则眸子瞭焉;胸中不正,则眸子眊焉。听其言也,观其眸子,人焉廋哉?(《离娄上》)

眼睛不能掩盖内心的丑恶。心正,眼睛就明亮;心不正,眼睛就昏暗。在听他说话的同时,注意观察他的眼睛,那么他内心的美与恶怎么隐藏得住呢?

性根于心,又通过人的行为表现出来。"君子所以异于人者,以其存心也。君子以仁存心,以礼存心"(《离娄下》)。君子的言行高尚,是由于他们的内心充盈着仁、义、礼、智的善"端",因而体现出美好的人性。体格魁伟、容貌姣好,皆先天所生,"形色,天性也",但这并不能构成人性的全部。外表的美,要靠内在的仁、义、礼、智来充实、支撑,而这只有圣人才能做到,所以孟子又说:"惟圣人然后可以践形。"(《尽心上》)

（4）"人之性善,犹水之就下"

人性是善,还是恶,抑或有善有恶,无善无恶,是历代谈论人性者首先要明确的立场。孟子是坚定的"性善"论者。为此,他与告子之间发生过一场饶有趣味的辩论。

告子说,人性好比湍急的流水。渠道的缺口在东,它就向东流,缺口在西,它就向西流。人性没有善与不善的定性,这正好比水东流西流没有定向一样。

对于告子这一段不失为生动的比喻,孟子机智地驳难道:诚然,水是没有东流西流的定向,但是,难道也没有向上或者向下的定向吗?人性之善,就好比水总是往下流一样。水没有不往下流的。人性也没有不善的。当然,拍击水流,可以使它溅得很高,高过额头;戽斗可以使它倒流,可以引它上高山。但这并非水的本性,而是情势使它如此。同样的道理,人也可能被怂恿去干不善之事,但这就不是人的本性了(《告子上》)。

告子又用另一个比喻来论证自己的观点：人的本性，好比杞柳树。仁义之善，好比杯盏。将人的本性归于仁义之善，好比是用杞柳树来制作杯盏。告子的意思是，人性本身无所谓善恶，正如杞柳树，可以用来制成杯盏，也可以不用来制成杯盏而制成其他的用具。

孟子以子之矛，攻子之盾：您是顺着杞柳的本性来制作杯盏呢，还是毁坏杞柳的本性来制作杯盏呢？如果是后者，那么是不是也要毁坏人的本性，才能实行仁义呢？看来，率领天下的人去践踏仁义的，一定是在实行您的学说了。

孟子的看法是，人性本身具有善端，所以才能行仁义，这正与杞柳本身具有能制成杯盏的特性一样。如果不具备这一特性，杞柳就制不成杯盏，同样，假如人性本身不具有善端，那么也就难以实行仁义了。

孟子的"性善"论，千百年来，成为人们反复品评的对象。

分析这些批评意见，能够帮助我们更加准确、深刻地理解"性善"论的实质。

第一个出来批评"性善"论的，是与孟子同时代而稍晚的荀子。荀子的观点与孟子针锋相对，他认为，人的本性是好利、多欲，并无仁、义、礼、智的善端。人之所以有善的行为，是因为后天训练而成，不是生而有之，而是人为的结果。先天而有的,叫作"性",而后天完成的,叫作"伪"。他批评孟子没有弄清这"性"与"伪"的区别。"不可学不可事而在人者谓之性,可学而能可事而成之在人者谓之伪,是性伪之分也。"(《荀子·性恶》)

孟子认为,人性善,君子、圣人与常人无异。但为什么常人有时会做出不善之事,而君子、圣人却一言一行无不符合仁义礼智的要求呢?那是因为君子、圣人充分扩张了内心原有的"善端",而常人却不注意保护这"善端",将它丢失了。荀子则认为,人性恶,君子、圣人也与常人无异。但为什么君子、圣人能行仁义呢?那不是因为他们扩充了内心的"善端",而是经过后天对"恶"的改造,"化性而起伪,伪起而生礼义"。善是人为的结果,是君子、圣人开动脑筋,思考、选择的结果。"圣人积思虑,习伪故,以生礼义,而起法度。"(《荀子·性恶》)"情然而心为之择谓之虑,心虑而能为之动谓之伪。"(《荀子·正名》)在这里,我们注意到,荀子实际上接受了孟子"心之官则思",而且"思"的首要内容正是仁、义、礼、智的观点。尽管他的结论与孟子相反,但其推理的思路,与孟子存在着相通之处。

孟子言性善,荀子言性恶,各持一端,但均能自成其说。为什么荀子的滔滔雄辩未能驳倒孟子呢?根本原因是孟、荀二人对"性"的理解和界定,本不相同。正如张岱年先生所论：

> 孟子言性善，乃谓人之所以为人的特质是仁义礼智四端。荀子言性恶，是说人生而完具的本能行为中并无礼义；道德的行为皆必待训练方能成功。孟子所谓性，与荀子所谓性，实非一事。孟子所注重的，是性须扩充；荀子所注重的，是性须改造。虽然一主性善，一主性恶，其实亦并非完全相反。究竟言之，两说未始不可以相容；不过两说实有其很大的不同。（张岱年《中国哲学大纲》）

中华人民共和国成立以后，孟子的"性善"论曾被认为是"唯心主义"的典型而受到猛烈批判。20世纪70年代"批林批孔"中的狂轰滥炸本无多少学术性可言，可置而不论。但此前、此后不少学术性论著中均振振有词地称其为"唯心主义"，却大有辨清的必要。

认为"性善"论是"唯心主义"的人的根据是：孟子认定的人的仁、义、礼、智"根于心"，而"心"又是"天之所与我者"（《告子上》）。既然仁、义、礼、智的道德意识是先天的、不依社会实践而决定的，那么依据实践决定意识，还是意识决定实践的标准，判其为"唯心主义"，似乎言之凿凿。

但是，仔细核查孟子"性善"论的本义，我们便可以发现这一判断是似是而非的。

孟子是说过"君子所性,仁义礼智根于心"(《尽心上》),也说过"心"乃"天之所与我者"(《告子上》)。但这并不意味着孟子就断定人的仁、义、礼、智的善良的本性与生俱来,而且一成不变。孟子所强调的只是,人的本性中存在着仁、义、礼、智的萌芽,或曰"端"。这种萌芽能否茁壮成长,这开端能否持续,却并不由先天决定,而有赖于后天的习染、熏陶、修养。在这一层意义上,孟子不是忽视、否认而恰恰是肯定、重视环境的作用、实践的意义。

孟子认为,仁义之善端,有如山上的树木,必须精心呵护、培育,如果不管不问,听任斧斤砍伐、牛羊践踏,势必衰败凋落。每一个人的内心都存在着善良的本性,但有的人不注意保护它,使之丢失,这就好比树木被砍伐,被践踏。失去了仁义之心,人的行为就会变得如同禽兽,人性也就混同于犬性、牛性。在世人眼中,以为他本来就不具有仁义之"端",但这并不是他的本性。孟子得出一条规律:"苟得其养,无物不长;苟失其养,无物不消。"(《告子上》)如果得到滋养,事物就会生长;反之,事物就会消亡。人生而有之的善良的仁、义、礼、智之端,也是如此。

除了主观意识上有无保护性善萌芽的自觉,客观环境对于仁、义、礼、智之"端"能否发扬光大,也有极大关系。孟子强调,他人的善言、善行,对于启发、培养自己内心的善端,作用十分显著。他说:"舜之居深山之中,与木石居,与鹿豕游,其所以异于深山之野人者几希;及其闻一善言,见一善行,若决江河,沛然莫之能御也。"(《尽心上》)嘉言懿行启发了舜的善心的弘扬,真如江河之缺口,沛然而不可阻挡。

孟子甚至认识到,人们的物质生活状况,也是制约心与人性的善恶走向的重要因素。这在两千多年以前,实在是很了不起的思想。他举例说,丰收年景,子弟多懒惰,而灾荒年景,子弟多强暴。"非天之降才尔殊也,其所以陷溺其心者然也。"(《告子上》)不是天生的本性不同,而是环境使他们内心的善端变坏了。这正好比种植大麦,种子是一样的,收成却有差异,原因就在于"地有肥硗,雨露之养,人事之不齐也"(《告子上》)。读到这里,我们非但很难得出"唯心主义"的结论,相反地,倒能感觉到明显的朴素唯物主义的思想光华。

(5)"存心养性"之道

孟子在论及人先天而具的"赤子之心"时,强调了它有可能丢失的危险及保存它的必要;在论及人性本"善"的特质时,又强调了这"善"有恶变的可能,因而应当特别加以呵护。那么究竟怎样"存心""养性"呢?孟子提出以下主张。

首先,要树立"存心养性"的自觉意识。

明白了先天而有的"赤子之心"与善性也有可能丢失,而丢失了这一切,人就会与禽兽无异这一点,那么,人人都必须时时、事事自觉自愿地"存心""养性"。从根本上讲,这不仅仅是关系到能否行仁义的品德问题,而且更是关系到能不能取得做一个真正的人的资格、身份问题。"存心""养性",主要依靠人自身的内心动力来驱使,而不能依赖于他人的外力推动。就此,孟子论道:"君子深造之以道,欲其自得之也。自得之,则居之安;居之安,则资之深;资之深,则取之左右逢其原,故君子欲其自得之也。"(《离娄下》)只有自觉地在心、性的修养方面"深造之以道",追求"自得之",才能左右逢源,终成正果。

既然"存心养性"只能依靠自觉,那么假若做不到这一条,"放"其心,"恶"其性,沦为与禽兽为伍,就怨不得别人,只能怪你"自暴""自弃"。对这样的人,孟子感到非常惋惜:"言非礼义,谓之自暴也;吾身不能居仁由义,谓之自弃也。仁,人之安宅也;义,人之正路也。旷安宅而弗居,舍正路而不由,哀哉!"(《离娄上》)空着舒适的房宅不住,舍弃康庄大道不走,这种愚蠢之人,实在可悲啊!

"存心养性"只能靠"自求""自得",从根本上讲,是由其所"求"、所"得"对象的特质决定的。人追求的目标是多种多样的，孟子将它们归为两类。其中一类存在于人自身之内，另一类则存在于自身之外。人的"赤子之心""善性"，显然属于前者。由于所求的目标对于人有内、外之别，因而所求、所得的意义、结果也有不同。孟子认为，对于"求在我者"，"求则得之，舍则失之，是求有益于得也"。而对于"求在外者"，"求之有道，得之有命，是求无益于得也"（《尽心上》）。对于那些外在的目标，能不能最终实现，取决于命运的安排；但对于"心""性"这类内在的目标，只要自觉地去追求，就一定会得到。孟子以这样的论析，来鼓舞人们树立"存心养性"的自觉意识，既富有理论思辨色彩，又蕴含着积极的社会功用。在今天，仍不失为一份珍贵的文化遗产。

其次，"存心养性"应从身边做起，从平易之处做起。

孟子认为，"存心养性"并非高妙玄奥之事。他批评有的人"道在迩而求诸远，事在易而求诸难"（《离娄上》），舍近求远，舍易求难，是不明智的，也是不利于"存心养性"的。"存心养性"并不是让人成天高谈阔论，或者苦思冥想其中的奥秘，而是从身边的小事做起，从平易之处做起。

孟子视尧、舜为"存心养性"的楷模。但他同时又相信，"人皆可以为尧舜"。这是因为，尧、舜之道，"孝弟而已矣"。与尧、舜一样，人人都有父母兄长，"亲其亲，长其长"，是人人都能做到的。亲亲，长长，就是孝悌，就是仁义,就是"存心养性"最便捷的方式。他举例说:走路时,慢慢地跟在年长者之后,这便叫"悌";相反,急匆匆地抢在年长者之前,便叫"不悌"。慢慢地走路,是再简单不过的了,有谁做不到呢?只是看你自己愿不愿意做罢了。孟子总结道:"夫道若大路然,岂难知哉?人病不求耳。"(《告子下》)

再次,"存心养性"就是要克制欲望,严于律己。

人有"心",会思想,当然就会产生种种欲望。对这些欲望如若不加克制,任其泛滥,人欲横流,就会导致众心浇漓,天下大乱,这是儒家学说的一条基本原理。因此,举凡儒家,大都要讲克己、节欲,但讲法又有不同。孔子讲"克己复礼",恢复周代的礼制,而孟子却讲"克己"以"存心养性",保持、发扬内心的善端。他十分简单明了地提醒世人,"养心莫善于寡欲"。"寡欲"与否,与"赤子之心"的存留有密切的关系。"其为人也寡欲,虽有不存焉者,寡矣;其为人也多欲,虽有存焉者,寡矣。"(《尽心下》)欲望不多的人,他的善性即便有所损失,也很少;而欲望太多的人,他的善性即使有所存留,也不会多。依此而论,孟子认为,"存心养性"的规则又可归纳为一条:"无为其所不为,无欲其所不欲,如此而已矣。"(《尽心上》)

最后,"存心养性"要注意环境的选择,注意向他人学习。

孟子在讲到"心"与"性"的善、恶走向时，对于人所处的环境，给予了充分的重视，因此，"存心养性"，就要注意环境的选择。孟子从范邑到齐都，看见齐王的儿子，不禁发出感叹："居移气，养移体，大哉居乎！"（《尽心上》）环境改变气度，奉养改变体质，环境真是重要啊！他不也是人的儿子吗？为什么就显得与众不同呢？不就是因为他处的环境与凡人不一样吗！与此相联系，他人的言、行、思想，也属于"存心养性"的环境因素，因此，孟子在强调"自求""自得"的同时，又提出不应忽视向他人学习，以收择善而从、潜移默化之功。

孟子幼年时，母亲为了使他有一个健康的身心成长环境，曾三迁其居。此事显然给孟子的思想，打下了深刻的烙印，也对他的"存心养性"说，产生了直接的启迪。他曾以学习语言为例，向戴不胜说明环境的重要。孟子说：假若一位楚国大夫，希望他的儿子学会说齐国话，那么，是找齐国人来教呢，还是找楚国人来教？戴回答：当然是找齐国人来教。孟子又说：假若一个齐国人正在教小孩说齐语，旁边却有许多楚国人在吵吵嚷嚷，那么你就是用鞭子相威胁，小孩也是学不会齐国话的。相反，假若你带他到齐国都城临淄住上几年，那么你就是用鞭子逼他说楚话，也是办不到的。所以，你戴不胜希望国君学好，就应该让他与薛居州这样的好人多接触。假若国君周围都是好

人，那他会同谁去干坏事呢？反之，若周围都是坏人，那他又同谁去干好事呢？（《滕文公下》）

根据同一道理，孟子告诫公孙丑：对于不愿意接触的人，就干脆不要见面。子路就曾说过，分明不愿与某人来往，却勉强与他交谈，且装出惭愧的表情，这是我所不赞成的。"由是观之，则君子之所养，可知已矣"（《滕文公下》），君子如何"存心养性"，从此便可以得知了。

孟子深信：近朱者赤，近墨者黑。他对曹交说："子服尧之服，诵尧之言，行尧之行，是尧而已矣。子服桀之服，诵桀之言，行桀之行，是桀而已矣。"（《告子下》）你穿尧的服装，说尧的话，做尧的行为，那么，你就会成为尧一样的圣人。反之，你的衣饰、语言、行为都模仿桀，你就会成为桀一样的暴君。怎样"存心养性"，你的老师多得很，就看你会不会择善而从了。

（6）"尽心"—"知性"—"知天"—"立命"

孟子"心性"说的理论目标，是建构一个融身与心、知与行、人与天于一体的认识体系。其涵盖领域，既包括本体论、认识论，又包括世界观、人生观。正因为"心性"说具备恢宏的视野、严密的理论逻辑及强烈的现实人生指导意义，后世儒者尤其是宋、明理学家们才给予它高度重视，并从思辨的深刻、论述的精微等方面进一步完善它，从而将儒家的"内圣"之学，发展到炉火纯青的境界。

《孟子》最后一篇《尽心》的起始一章，揭示了"心性"说的精髓：

> 尽其心者，知其性也。知其性，则知天矣。存其心，养其性，所以事天也。夭寿不贰，修身以俟之，所以立命也。（《尽心上》）

在这里，孟子为人们勾勒出"尽心"—"知性"—"知天"—"立命"的致思轨迹与实践路线，这也正是"心性"说的纲领。

孟子认为，人有不同于动物的本性，这"性"存在于上天赋予人的"心"中。人类开动"心"的思维，充分发挥它的内省功能，扩充与生俱来的仁、义、礼、智的"善端"，这样便能真正理解人之异于动物的"类"的本性特征。而只有深刻认识了"性"的实质，才能明白上天为何对人类情有独钟，接受上天对人类的恩惠，从而知道天的意志。知道了天的意志，人类便会自觉自愿地保持本"心"，培养本"性"，以这种正确的人生态度，来顺从天的安排，回报天的恩惠。这一认识落实到行动上，不管个人的际遇如何，寿命短长，都始终如一地"存心""养性"，这就是安身立命的根本。

孟子承认天的存在，承认天意不可违。他同时又承认人有命运。就人"类"的总体而言，孟子认为人不可能超越天的安排，不可能从先天的意义上抛弃"心"的独有官能，抛弃"仁义礼智"的"善"端。但是，就单独的人的个体而言，孟子又认为，在培育善良德行、争取美好人生方面，主观能动性有充分施展的余地。

对于前者，孟子论道："莫之为而为者，天也；莫之致而至者，命也。"(《万章上》)不为而成，不期而至，这是天命的安排。从这一层意义上，孟子主张人应当"乐天""畏天"，应当努力去体味"天不言，以行与事示之"(《万章上》)的"天道"，并遵从其"法度"，"君子行法，以俟命而已矣"(《尽心下》)。

而对于后者，孟子又强调人的主观能动精神，"不怨天，不尤人"(《公孙丑下》)，实实在在地"存心养性"，就一定可以"居仁由义"，实现完善的人生。"仁者如射：射者正己而后发；发而不中，不怨胜己者，反求诸己而已矣"(《公孙丑上》)。射箭者先要端正自己的身体；射不中箭靶，就应该从自己身上查找原因。将这一道理推而广之，孟子认为："祸福无不自己求之者。"(《公孙丑上》)一个人能不能在这世上安身立命，取决于他自己在"存心养性"方面的努力，无论是祸是福，都由自己决定。一个人只要不自暴自弃，自己打倒自己，别人是不可能打倒你的。这就叫"夫人必自侮,然后人侮之;家必自毁,而后人毁之;国必自伐,而后人伐之"(《离娄上》)。

要而言之,在"性"与"命"、"人"与"天"的关系问题上,孟子既有消极的宿命观点的一面,又有积极的进取精神的一面。硬要用"唯心"或者"唯物"的框框来套,是不适宜的。下面这段话,颇能代表孟子"心性"说的两面性:

> 口之于味也,目之于色也,耳之于声也,鼻之于臭也,四肢之于安佚也,性也,有命焉,君子不谓性也。仁之于父子也,义之于君臣也,礼之于宾主也,智之于贤者也,圣人之于天道也,命也,有性焉,君子不谓命也。(《尽心下》)

一方面,五官对美味、美色、美声的愉悦,四肢对安逸的享受,是人的先天本性,但能否得到它们,却要由命运来安排,因而君子不去强求。另一方面,父子、君臣、朋友能否建立仁、义、礼的关系,贤者、圣人能否获取智慧,奉行天道,固然也有际遇因素在内,"遭遇乃得居而行之,不遇者不得施行"(焦循《孟子正义》),但由于仁、义、礼、智的"善端"之"才性可用",君子又不会消极地"坐而听命""任天而已",而是不倦地学习,不懈地追求,不当命运的奴婢,而做人生的强者。

大致说来，孟子对于富贵利禄等外在的物质利益，并不看重，因而便将其置于不可强"求"而只应天命的次要地位。但对于仁、义、礼、智等内在的精神素质，却十分讲究，因而认为，对于这些"善端"，不能任其自生自灭，而应该勉力养护。这正是儒家"内圣"之学的特征体现。孟子于此有"天爵""人爵"之说。他认为仁、义、忠、信乃"天爵"，公卿大夫乃"人爵"。古人以修养仁义忠信的善性为重，而现在的人却以追求公卿大夫等名位利禄为目标，这是违背"天意"的糊涂行为。换言之，对于"人爵"，可听任命运的安排，得失与否，不必耿耿于怀；但对于"天爵"，就应该尽力而为，务求得之。

"性"与"命"、"人"与"天"如何统一？孟子将它们统一于"诚"。"诚"，因此成为"心性"说的核心范畴和逻辑归宿。孟子说："诚者，天之道也；思诚者，人之道也。"（《离娄上》）孟子以"诚"为天的根本规律，而人则通过追求"诚"——真心真意地充实、完善天赋予人的仁、义、礼、智的善端——而达到"诚"的境界，以与天道合一。天人合一于"诚"，是孟子"心性"说的最高理论境界。达到这一境界，便会有"万物皆备于我矣"（《尽心上》）的人生自由感。自由来自对必然的认识、把握和运用。

"万物皆备于我"，是因为"我"对于天道、人道（规律），均了如指掌且运用自如，因此无往而不胜，无往而不利。

这种自由的、愉悦的人生感受,孟子称之为"反身而诚,乐莫大焉"(《尽心上》)。"心性"说的全部价值,至此体现无余,儒家"内圣"之学,至此也在世人面前拓展开一片高阔宏远、灿烂光明的新天地。

3."心性"说对儒学"内圣"化的深远影响

孟子对于"心""性"问题的论述,在当时即引起了另一位儒学大师荀况的关注。一方面,荀子对于"性"的观点,与孟子相左,持"性恶"说,认为人性本恶,只有经过后天的"化性起伪",才能实行仁、义、礼、智,并以之与孟子展开论辩。关于这一分歧,我们在前面已有评述。另一方面,荀子关于"心",也有比较详尽的研究。他认为"心"是人身的主宰,有制约情欲的力量。荀子同意孟子"心之官则思"的观点,并对"心"如何"思",提出了更精细的分析:

> 人何以知道?曰心。心何以知?曰虚壹而静。心未尝不藏也,然而有所谓虚;心未尝不满也,然而有所谓壹;心未尝不动也,然而有所谓静。(《荀子·解蔽》)

与孟子一样,荀子也重视"心"对于"性"的制约,所不同的是,孟子认为"性根于心","性"即"心"先天所含的仁、义、礼、智之"端";荀子则强调"心"的作用引起"性"的改变,"化性起伪"是"虚壹而静"的结果,这正与他的"性恶"说,互为表里。

从其思想的总体倾向看,孟子着重发展了孔子"仁"学的道德伦理涵养学说,使儒学在"内圣"化方面大大深入了一步,而荀子虽然也对"心""性"问题相当关注,但他以更大的理论热情去完善孔子"礼"学在社会政治关系中的调节功能,成为儒学"外王"走向的启端人物。不过,他关于"心""性"问题的许多精彩论断,同样也为后世儒者提供了宝贵的思想资料,这是我们在凸显孟子"心性"说对于儒学"内圣"化的深远影响的同时,有必要予以充分肯定的。

秦始皇结束了先秦时代诸侯割据、争战频仍的动乱局面,建立起大一统的专制主义中央集权。经过秦朝及汉初统治思想抉择方面的短暂彷徨以后,地主阶级政治家、思想家们"罢黜百家,独尊儒术",坚定地选择了孔儒之学作为治国安邦的指导思想。以武帝刘彻、太宗李世民为代表的汉、唐君主们因此而建立起民富国强的隆盛王朝,取得了空前的文治武功。在这一历史阶段,相对"内圣"之学来说,儒家讲求事功、制度教化的"外王"之学,充分发挥了其政治主导作用,因而成为当时儒学的主流。

但是,巨大的成功背后,隐患也积重难返。下层民众屡生叛逆之心，农民起义禁而不绝。而统治阶层中淫邪之心的泛滥，更是诱发社会动乱的直接动因。君主们日益深刻地体会到，仅有外在的事功是不够的，还需要规范某种模式来塑造人们的灵魂，训练勤谨而安分的民众。而儒生们则越来越感觉到，为了社会的长治久安，除了对老百姓加强思想控制，还尤其需要一种关于道德修养的学说来启发统治者，直至皇帝本人，通过"格君心之非"（《离娄上》）促使其"行仁政"，"正心以正朝廷"。在这种情况下，孟子着力发扬孔儒"内圣"之学的"心性"说，便正好适应了社会的需求，思孟学派"修身、齐家、治国、平天下"的原理日见行时。相形之下，荀子所推崇的"外王"之学，虽然仍为统治者所实际运用，但却不太为人所称道。与之相应，孟子在儒学系统中承孔而宗的地位，逐渐得到越来越多的思想家们的首肯。

唐代大儒韩愈，首倡由尧、舜、禹、汤、文、武、周公直至孔子、孟子的儒学"道统"说。他比较孟子与荀子，认为"孟氏醇乎醇者也"，而荀子则"大醇而小疵"，所以只有孟子才是孔儒"道统"的正宗，"轲之死，不得其传焉"（《原道》）。韩愈承继了孟子的"心性"说，认为"性"是天生的，要素有五：仁、礼、信、义、智；"情"是后起的，要素有七：喜、怒、哀、惧、爱、恶、欲。"性"与"情"各有三品的等级（《原性》）。

韩愈以后，宋代诸儒更群起论说，将孟子"心性"说推衍得更为系统、精微，进而建立起儒学发展史上具有里程碑意义的理学。

张载继孟子"性根于心"之后，提出心总括性、情而以知觉为其本质，"心统性情者也"（《性理拾遗》），"合性与知觉，有心之名"（《正蒙·太和》）。"二程"兄弟于"心性"说，更大加发挥。程颢说："人心莫不有知，惟蔽于人欲，则忘天德也。"（《二程遗书》）正与孟子"养心莫善于寡欲"相合。程颐认为，"性之本谓之命，性之自然者谓之天，自性之有形者谓之心，自性之有动者谓之情。凡此数者皆一也"（《二程遗书》），从而使孟子"尽心"—"知性"—"知天"—"立命"的逻辑更加完备。

集宋儒"心性"说之大成而成为理学大师的是朱熹。朱熹将孟子"心之官则思"的"思"，界定为"知觉"，"有知觉谓之心"（《朱子语类》）。他认为人得天地之理为性，得天地之气为形。理与气合，然后有心，便能知觉。能知觉之心，是人身之主宰。朱熹又提出，人虽然只有一心，但以其或公或私，或源于天理，或出于人欲，而有道心与人心的区别：

> 夫谓人心之危者，人欲之萌也；道心之微者，天理之奥也。心则一也，以正不正而异其名耳。（《观

心说》)

他的结论是,存天理,灭人欲,而这正是对理学宗旨的最精辟的概括。

在朱熹为理学大厦封顶的同时,陆九渊开始了儒家"心学"的建构。与朱熹等人一样,陆九渊也是以孟子的"心性"之说作为自己理论的根基,不过在理解上,与朱熹等人有很大分歧。

朱熹认为,性即理,理与气合而有心,性在于心而心非即性,理具于心而心非即理。陆九渊则认为,心即性,性即理,"情性心才,都只是一般物事,言偶不同耳"(《语录下》)。因此,他反对区别天理、人欲,道心、人心,而专注于"本心"的修炼。陆九渊重申孟子"四端"说,"恻隐,仁之端也;羞恶,义之端也;辞让,礼之端也;是非,智之端也;此即是本心"(《年谱》)。他将人的认识过程,诉之于本心的自觉,把这一方法称为"切己自反,改过迁善"的"易简功夫","易简而天下之理得矣"(《语录上》)。循此思路,陆九渊对孟子"万物皆备于我"(《尽心上》)的提法十分欣赏,并将其发展为"宇宙便是吾心,吾心即是宇宙"(《杂著》)。

陆九渊的"心学",到明代王阳明更臻完善。王阳明认为"圣人之学,心学也"(《王阳明全集》),因而陆九渊上接孟子，是孔儒之学真传。"象山（陆九渊在江西贵溪象山建'精舍'授学，人称'象山先生'）辨义利之分，立大本，求放心，以示后学笃实为己之道，其功亦宁可得而尽诬之？"（《答徐成之（壬午）》）

王阳明赞同陆九渊"心即性，性即理"（《传习录》），"心外无理，心外无事"的观点。王阳明承接孟子的"良知""良能"说，提出"致良知"的一整套理论。他说："知是心之本体，心自然会知。见父自然知孝，见兄自然知弟，见孺子入井自然知恻隐：此便是良知。"（《传习录》）又说："良知者，孟子所谓'是非之心，人皆有之'者也。是非之心，不待虑而知，不待学而能，是故谓之'良知'。"（《大学问》附录五）王阳明采纳孟子的"性善"论，"性无不善，故知无不良"（《传习录•答陆原静书》），但这先天而有的"善端""良知"也有被"私欲窒塞"的时候，这便需要"致良知"。"致"，在这里有恢复、推及之义，这又正与孟子的"求其放心"（《告子上》）十分吻合。

王阳明以"致良知"的"心学"，去阐释思孟学派的经典《大学》中"致知在格物，格物而后知至"的思想，提出"天下之物本无可格者。其格物之功，只在身心上做"（《传习录》），认为知识的获取，道理的明了，品行的修养，均"须从自己心上体认，不假外求"（《传习录》），这与孟子的"行有不得者，皆反求诸己"（《离娄上》），完全一脉相承。儒家"内圣"之学,至王阳明而达于极致。

宋、明诸儒高扬孟子"心性"之学的旗帜,建立"理"学、"心"学,目的都在"正人心"。理学家们以"仁义礼智"的"天理"来限制"人欲"的非分之想,以此来实现千年之前孟子"息邪说,距诐行,放淫辞"(《滕文公下》)的理想。王阳明更直截了当地表白自己"破心中贼"重于"破山中贼"的思想宗旨。理学与心学之所以能先后占据中古以降中国社会思潮的主流地位,显然与他们从孟子那里继承了儒学的"内圣"传统,并将其发扬光大有直接关系。

孟子"心性"说,经过宋、明诸儒的大力阐扬和改造,对当时社会生活的方方面面,产生了重大影响。就社会政治而言,它在教化民众遵循伦理道德,启发统治者推行"仁政"维护统治秩序方面,发挥了确实的功效。就学术思想而言,宋、明诸儒对"心性"问题的探究,使中国哲学在内省的深入和思辨的精微程度方面,都达到了前所未有的水平。当然其负面影响也不容讳言。随着程、朱、陆、王之学大行其时,"心性"之学的极端片面化趋势也日见严重,无论理学、心学,其末流均表现出空疏玄奥的弊端,无济于世且有害于国。高谈阔论"心性"的陋儒,"愧无半策匡时难,惟余一死报君恩"(颜元《存学编》),终于导致明末"空论亡国"现象的发生。明清之际的顾炎武曾就此做出痛心疾首的批评:

> 昔之清谈谈老庄，今之清谈谈孔孟。……以明心见性之空言，代修己治人之实学。股肱惰而万事荒，爪牙亡而四国乱。神州荡覆，宗社丘墟！（《日知录》）

顾氏所言，不能不说是击中了空谈"心性"的要害。当然，究其根源，主要应归罪于陋儒对理学、心学的片面理解，而不能因此根本否定孔儒之学的"内圣"传统。但是，我们同时也应该看到，深受宋、明诸儒青睐的孟子"心性"说本身，在某种程度上，也确实蕴含着脱离实际、脱离世事的理论倾向。正如清人章学诚在《文史通义·朱陆》中所说，"性命之说，易入虚无""夫实学求是与空谈性天，不同科也"。在此意义上，清代"经世实学"的兴起，正是对"心性"说流弊的拨乱反正，也是对孔子学说并重"内圣"与"外王"传统的复归。

三 "仁政"说与民本主义政治传统

孟子的政治主张,一言以蔽之,曰"仁政"。他游历诸国,向各国君主反复鼓吹的中心思想,正在于此。

孟子见梁惠王,在回答如何才能强国雪耻的问题时说,"王如施仁政于民,省刑罚,薄税敛,深耕易耨,壮者以暇日修其孝悌忠信,入以事其父兄,出以事其长上",便可以重振颓势,强国安民。他告诫梁惠王:"'仁者无敌。'王请勿疑!"(《梁惠王上》)

滕文公派毕战向孟子询问分田制禄的方法,孟子告诉他,"夫仁政,必自经界始",即从划分井田入手,使百姓安于田畴之业,这是行仁政的根本。孟子鼓励毕战:"子之君将行仁政,选择而使子,子必勉之!"(《滕文公上》)

公孙丑向孟子请教统一天下的途径,孟子毫不犹豫地说:"行仁政而王,莫之能御也。"即推行仁政去统一天下,没有谁能够阻挡。"当今之时,万乘之国行仁政,民之悦之,犹解倒悬也。故事半古之人,功必倍之,惟此时为然。"(《公孙丑上》)只要行仁政,一定可以取得比文、武、周公更加辉煌的功绩。孟子总结出这样的规律:"不仁而得国者,有之矣;不仁而得天下者,未之有也。"(《尽心下》)

在另外一些场合,孟子用"王政"作为"仁政"的又一种表述。

一次,万章问孟子,像宋这样的小国,因为要行王政,遭齐、楚这样的大国的忌恨攻击,怎么办呢?孟子回答:"苟行王政,四海之内皆举首而望之,欲以为君。齐、楚虽大,何畏焉?"(《滕文公下》)只要行王政,天下的老百姓都翘首盼望这样的明君来做自己的国王,齐、楚虽然强大,也没有什么可怕的。

齐宣王问孟子,怎样去实行"王政",孟子回答,首先要对鳏(老而无妻者)、寡(老而无夫者)、独(老而无子者)、孤(幼而无父者)"发政施仁"(《梁惠王上》),关心他们的疾苦。在此基础上,国君应当使老百姓"居者有积仓,行者有裹囊""内无怨女,外无旷夫"(《梁惠王下》),人人安居乐业,这样,统一天下还有什么困难呢?

在战国中期诸侯争战愈演愈烈,非武力不足以安身立命的时代条件下,孟子的"仁政"说理所当然地被列国君主认为是"迂远而阔于事情"(《史记·孟子荀卿列传》)

的空谈泛论,不切实际,因而屡遭冷遇,从未得到采纳。这是孟子及其"仁政"说的悲哀。但是,某一学说在特定时代、社会条件下的命运,并不能从根本上决定它的理论内涵及认识价值的高下优劣。历史证明,孟子的"仁政"说,自有它的宝贵意义,在中国政治文化史上,占有相当重要的地位。而这正是我们将《孟子》一书列入中华文化"元典"的基本依据之一。

要而言之,从学术源流上分析,"仁政"说一方面是对孔子"仁"学的创造性发展,另一方面又是对中国自晚周以来渐次勃兴的民本主义思潮的集大成式的总结,对于中国古代政治传统及其近代转换,均产生了重要影响。

1."仁政"说对孔子"仁"学的发展

孟子自称:"乃所愿,则学孔子也。"(《公孙丑上》)他的"仁政"说,正是对孔子"仁"学的继承与发展。

"孔子贵仁"(《吕氏春秋·不二篇》)。在篇幅仅万余字的《论语》中,"仁"竟出现百次之多。据孔子解释:"仁"就是"爱人"(《论语·颜渊》)之意,而"孝"(尊敬长辈)与"悌"(服从兄长)则是"为仁之本"(《论语·学而》)。强调血缘纽带关系,是"仁"的最本质含义,而这正是孔子创立的儒家思想区别于其他各家的最显著特征。"仁"是人的本性的最高体现,是人的美德的最高概括。因此,"志士仁人,无求生以害仁,有杀身以成仁"(《论语·卫灵公》)。

"仁"有丰富的、多层次的表现:

"仁者先难而后获"(《论语·雍也》)——先经历艰苦的磨难,而后才有收获,这就是"仁"。

"克己复礼为仁"(《论语·颜渊》)——克制自己的私欲,使言行合于礼,这就是"仁"。

"刚、毅、木、讷近仁"(《论语·子路》)——能够做到刚强、果断、朴实、言语谨慎,就接近于"仁"了。

"居处恭,执事敬,与人忠"(《论语·子路》)——居家容貌端庄,办事严肃认真,与人交往忠诚,这就是"仁"。

"恭、宽、信、敏、惠""能行五者于天下为仁"(《论语·阳货》)——庄重、宽容、诚信、敏捷、恩惠,能够在天下实行这五条,就是仁。

"仁者必有勇,勇者不必有仁"(《论语·宪问》)——仁者一定勇敢,但是勇者不一定有仁德。

"知及之,仁不能守之,虽得之,必失之"(《论语·卫灵公》)——以智慧得到的东西,若不能用仁德去保持,那么,虽然暂时得到,终究也会失去。

孔子的"仁"学,把外在的等级制度、历史传统,转化为内在的道德伦理意识的自觉要求,从整顿人际关系中最基本的家庭关系入手,讲求父义、母慈、兄友、弟恭、子孝,并以家国同构精神推而广之,从而扶春秋末期宗法等级大厦之将倾。由血统而政统而道统，是"仁"学独具特色的致思路径和内容结构。正因为如此，有学者概括道："孔子的仁学是一个复杂的混合体。融人伦、道德、政治为一体，撮己、人、家、国为一贯。"（刘泽华《先秦政治思想史》）

孟子也十分重视"仁"，充分肯定"仁"的效用。他认为"天子不仁，不保四海；诸侯不仁，不保社稷；卿大夫不仁，不保宗庙；士庶人不仁，不保四体"（《离娄上》）。但是，孟子的重视"仁"与孔子的"贵仁"有明显的区别。孔子讲"仁"是以之作为社会每一个成员的道德自律要求，所谓"为仁由己"（《论语·颜渊》)，便是讲人人从自己做起。而孟子讲"仁"，更多的是强调占据统治地位的国君以"仁爱之心"来施政，"惟仁者宜在高位。不仁而在高位，是播其恶于众也"（《离娄上》）。在高位的"仁者""发政施仁"，便是"仁政"。孔子讲"仁"，着眼于一般意义上的人际关系，孟子讲"仁政"，着眼于特殊意义上的人际关系，尤其是国君与民众的关系。因此，"仁政"说是对"仁"学的继承、深化和发展。

"仁政"说对"仁"学的发展，既有孔、孟二人所处时代不同的因素，又有二人政治立场不同的因素。孔子所处的春秋末世，"礼崩乐坏"，孔子站在"兴灭国，继绝世"（《论语·尧曰》）的守旧立场，力图恢复周代的"礼治"秩序,所以他反复强调人人依仁循礼,恪守既定的社会"名分",国君也好,平民也好,概莫能外。孟子则不同。他身处战国中期,周代宗法领主制的崩溃,新兴地主制的确立,已呈不可逆转之势。孟子顺应这一潮流,更多地关注新兴地主阶级如何建立强大、稳固的社会新秩序,他不再固守祖训,泛泛而论"仁",更很少谈论"礼",主要是将"仁"学由伦理学向政治学领域拓展。孟子一而再再而三地鼓吹"夫国君好仁,天下无敌""为政不难,不得罪于巨室""民之归仁也,犹水之就下"(《离娄上》),"为天下得人者谓之仁"(《滕文公上》),"仁则荣,不仁则辱"(《公孙丑上》),都是出于新兴地主阶级的政治诉求与理论需要。"仁政"说之所以受其后两千年的历代地主阶级明君贤相们的青睐,根本原因,便在于此。

2."仁政"说对民本主义的集大成式发挥

孟子"仁政"说是一种社会政治主张,它的重要理论渊源,是晚周以来渐次勃兴的民本主义。

民本,即"以民为本"。"本",原意为树根,引申为事物在空间上的基础或时间上的开端,可以派生和维系他物,是他物存在的不可缺少的条件。"以民为本",是"民惟邦本,本固邦宁"(《尚书·五子之歌》)一语的省略,说的是人民是国家的根本,只有维护好这个根本,国家才会安宁。这一思想萌生于晚周,有其深刻的社会历史原因。

诸侯争霸,是春秋战国最显著的时代特征。霸业的盛衰和霸主地位的转移,是这一时期的政治主题。争霸固然要有强大的经济、军事实力为后盾,但这远非根本。历史一再教训那些横暴的君王:"无民孰战?"(《左传·成公十五年》)没有老百姓的支持,你凭什么去作战?战争是拼武力,拼财力,但归根结底,是拼民力,是"用民",因而胜负的关键就在于"用民"的君主们对于老百姓的态度:"亲民"还是"疾民"。

春秋时期,称霸中原时间最长的,当推晋文公。《左传·僖公二十七年》中有这样一段记载:

> 晋侯始入而教其民,二年,欲用之。子犯曰:"民未知义,未安其居。"于是乎出定襄王,入务利民,民怀生矣,将用之。子犯曰:"民未知信,未宣其用。"于是乎伐原以示之信。民易资者,不求丰焉,明征其辞。公曰:"可矣乎?"子犯曰:"民未知礼,未生其共。"于是乎大搜以示之礼,作执秩以正其官,民听不惑,而后用之。出谷戍,释宋围,一战而霸,文之教也。

晋文公几次欲用兵,都被子犯所阻止,理由是条件准备不充分:老百姓未安其居,对君主还不信任,不能与君主共患难。晋文公采纳子犯的建议,一一照办,因而取得了老百姓的信任和拥戴,"而后用之",果然"一战而霸",获得成功。

君主的"民本"意识不仅关系着对外争霸的成败,而且关系到国内统治乃至身家性命。春秋战国时期,政归大夫,政出家门,甚至"陪臣执国命"(《论语·季氏》)的事件层出不穷,从根本上讲,其原因也不外乎国君失去了老百姓的支持,而大夫、陪臣却获得老百姓的拥戴。例如,田氏代齐,就是因为齐王不顾民众死活,仓廪积蓄朽蠹,而老百姓却饥寒交迫。他又滥施刑罚,动辄断人手足,以致市场上出现屦(健康者穿的鞋)贱而踊(受过断足之刑的人穿的鞋)贵的不正常现象。在此形势之下,田桓子趁机采用大斗出贷、小斗收进等措施笼络人心,争取民众的拥护。老百姓"其爱之如父母,而归之如流水"(《左传·昭公三年》)。田氏终于将齐王驱逐,取而代之,成为一方诸侯。

历史展示出的"民惟邦本,本固邦宁"(《尚书·五子之歌》)以及"君者,舟也;庶人者,水也。水则载舟,水则覆舟"(《荀子·王制》)的道理,经过士阶层的阐释、鼓吹,成为春秋时期一股强大的社会思潮。许多思想家、政治家都围绕这一主题发表过独到的见解。

老子(名聃,道家创始人)提出,统治者应当以民众的意愿为自己的意愿:"圣人无常心,以百姓心为心。"(《老子·四十九章》)他谴责"以百姓为刍狗"的行为为"不仁"(《老子·五章》),警告统治者"民不畏死,奈何以死惧之"(《老子·七十四章》)。他告诫统治者"爱民治国"(《老子·十章》),万万不可倚仗权威对老百姓生杀予夺,为所欲为,而必须"知白守黑""知荣守辱",在政治权术上取韬晦之计,"将欲废之,必固兴之;将欲夺之,必固与之"(《老子·三十六章》)。这正是对民众力量有所顾忌的反映。

稍晚于老子的孔子,也主张"为政以德"(《论语·为政》),要求统治者懂得,"政者,正也"(《论语·颜渊》)、"其身正,不令而行"(《论语·子路》),靠仁德的品性去感化民众,而不可采取动辄杀戮的高压政策。子贡问孔子怎样理政,孔子回答:"粮食充足,武备修整,老百姓对国家信任。"子贡又问:"如果迫不得已要去掉一项,先去掉哪一项?""去掉武备。"又问:"再去掉一项呢?""去掉粮食。"(《论语·颜渊》)可见在孔子看来,取信于民,获得老百姓的支持,是治国的根本大要。"民本"思想,在这里表现得十分明晰。基于这种考虑,他提出治理国家,须"敬事而信,节用而爱人,使民以时"(《论语·学而》)、"修己以安百姓"(《论语·宪问》),"因民之所利而利之"(《论语·尧曰》),绝不可做竭泽而渔的蠢事。

如果说老、孔是从维护统治者利益的立场而竭尽心智,被动地反映了"民本"思潮的浩大声势,那么庶人出身的墨子（名翟，墨家创始人）则代表社会下层民众的意愿而大声疾呼，主动地要求民众的地位与权利。他为"饥者不得食，寒者不得衣"（《墨子·非乐上》）而愤愤不平，谴责王公大人的骄奢淫逸，主张兼爱、非攻、非乐、节用、节葬，甚至要求统治者"不党父兄，不偏贵富"（《墨子·尚贤中》），"与百姓均事业"，"共劳苦"。

老、孔、墨以外，春秋时期不少政治家也具有"民惟邦本，本固邦宁"（《尚书·五子之歌》）的思想。

周定王的卿士单襄公引《尚书》中"民可近也，而不可上也"一语，提出"王天下者必先诸民，然后庇焉，则能长利"（《国语·周语中》），统治天下的君王，必须与民众相亲近，争取民心，然后保护他们，才能保持长治久安的局势。

周景王不惜劳民伤财，要铸乐器大钟。司乐官州鸠表示反对。景王不听劝阻，硬将大钟铸成，并对州鸠说钟声祥和。州鸠道："未可知也。"景王问其故，州鸠解释：乐声与政声相通，才为祥和之音。现今为铸大钟，闹得财亡民疲，莫不怨恨，哪里还有祥和可言。州鸠进一步发挥自己的思想，说：民众所喜好的，很少有不兴盛的；民众所厌恶的，很少有不废弃的。民谚所说"众心成城，众口铄金"，便是这个道理。（《国语·周语下》）

鲁成公得知晋厉公被人杀死，问众臣："臣杀其君，谁之过也？"太史里革回答："君之过也。"为国君者纵私欲而弃民事，不管百姓死活，不去教化百姓，"益邪多矣"，如此"以邪临民，陷而不振"，当然只会像夏桀、商纣、厉王、幽王那样落得个身败名裂的下场。（《国语·鲁语上》）

在孟子故里，春秋时期就曾出现过一位颇具"民本"意识的国君，他就是邾文公。公元前614年，邾文公准备迁都于绎，请卜吉凶。史官报告，卜算结果是"利于民而不利于君"。文公说，假如对民有利，也就是对我有利。"天生民而树之君，以利之也。民既利矣，孤必与焉。"左右劝道："命可长也，君何弗为？"文公回答："命在养民。死之短长，时也。民苟利矣，迁也，吉莫如之。"只要对民有利，就迁到绎，没有比这更吉利的了。（《左传·文公十三年》）

综上所述，春秋之时，"民本"思想已有相当广泛的社会影响。从思想家到政治家，从大臣到国君，都对此做出过积极的建设性贡献。孟子正是在继承前辈圣贤思想的基础上，以自己的"仁政"学说，将民本主义发展到一个全新的高度。

孟子以前，"民本"思想在诸多先贤那里虽有不少论述，但从总体上看，尚未形成一种比较完整的、具备可操作性的理论体系。无论是老、孔、墨，还是单襄公、州鸠、里革、邾文公，都只能说是具有明显的、强烈的"民本"意识，而不能认为已经构筑起系统的、从理论基础到行政举措一应俱全的体系。只是到了孟子,才由他的"仁政"说完成了民本主义发展史上的质的飞跃。

"仁政"说所包括的丰富的民本主义内涵,体现在以下诸多方面。

(1)"以不忍人之心,行不忍人之政"——"仁政"的心理依据

孟子认为,"仁政"的实行,从心理上讲,是君王本性中所具有的"不忍人之心"在行政举措上的表现。"人皆有不忍人之心。先王有不忍人之心,斯有不忍人之政矣。以不忍人之心,行不忍人之政,治天下可运之掌上。"(《公孙丑上》)他举例说明:一个小孩将要跌入井中,任何人看到,都会自然而然地产生惊恐痛惜的"恻隐之心"。这并不是为了与小孩的父母结交友情,不是为了在乡亲、朋友中博取名誉,也不是厌恶那小孩的哭声。由此看来,恻隐之心、羞恶之心、辞让之心、是非之心,是仁、义、礼、智的开端。没有这四"心",就不配做人。而作为一个国君,他的"不忍人之心",当然不能仅限于抢救一个将要落入井中的小孩,而是应将仁、义、礼、智贯彻到治理国家、保护民众的行政措施中去,这就必须推行"不忍人之政",即"仁政"。

"不忍人之政",从根本上讲,就是以仁德而非强力

来取得民众的拥护,治理国家。孟子说:"以力服人者,非心服也,力不赡也;以德服人者,中心悦而诚服也。"(《公孙丑上》)靠威吓、镇压来对待民众,民众口服心不服;只有以仁德来关心民众,爱护民众,才能得到他们发自内心的支持。因此,孟子一向主张以仁义之师而非凶残之师去征服天下。他对齐宣王说,只要君王的"仁政"名声被处于水深火热之中的别国民众得知,那么他们企盼您去解救自己,"若大旱之望云霓也",一定会"箪食壶浆以迎王师"(《梁惠王下》),这样一来,根本不需要大动干戈,就可平定天下。也正因为如此,孟子对崇尚暴力者十分厌恶,"故善战者服上刑"(《离娄上》),好战的人,应受最重的刑罚。

君王的"不忍人之心",还体现为"亲亲而仁民"(《尽心上》)。"亲亲而仁民",即将对自己亲人的感情,扩散给全体民众。孟子就此说过一句千古名言:"老吾老,以及人之老;幼吾幼,以及人之幼。"(《梁惠王上》)敬重自己的长辈,进而推广到敬重别人的长辈;疼爱自己的子女,进而推广到疼爱别人的子女。能做到这一点,"天下可运于掌"(《梁惠王上》)。孟子还从反面论证这一道理,"吾今而后知杀人亲之重也"(《尽心下》),你杀了别人的父亲,别人就会杀你的父亲;你杀了别人的兄长,别人也会杀你的兄长。这与你自己杀害父兄,并没有多少区别。所以,对于君王来说,"推恩足以保四海,不推恩无以保妻子"(《梁惠王上》)。"不忍人之心",对于君主推行"仁政"至关重要。

(2)"制民之产"——"仁政"的经济基础

民众拥有基本的生产、生活资料,是"仁政"得以实现的必要的经济基础。孟子充分认识到这一点,提出"制民之产"的主张。他对齐宣王说:"明君制民之产,必使仰足以事父母,俯足以畜妻子,乐岁终身饱,凶年免于死亡;然后驱而之善,故民之从之也轻。"(《梁惠王上》)贤明的君主规定民众拥有一定的产业,保证他们上足以赡养父母,下足以抚养妻子儿女;好年成时,丰衣足食,遭遇灾荒也不至于冻馁死亡。在此基础上,再督促他们养成良好品行,民众就很容易服从。

孟子"制民之产"的主张,是基于他对"民无恒产则无恒心"的社会规律的总结。两千年前的孟子,能有这种接近于历史唯物主义的认识,确实令人钦佩。老百姓丧失了基本的生活资料、生存条件,又没有保证生活来源的职业,衣食无着,当然不可能有安分守己、安居乐业的"恒心",只能铤而走险,"放辟邪侈",或偷盗,或抢劫,成为社会的破坏力量。这无论对于君主、对于国家,还是对于民众自己,都是一种悲剧。孟子认为,作为国君,一直等到老百姓"饥寒起盗心","及陷于罪,然后从而刑之",再来惩罚他,这是"罔民",即坑害百姓。"焉有仁人在位罔民而可为也?"(《梁惠王上》)避免这种局面的良方,便是"制民之产"。

"制民之产",是推行"仁政"的经济基础。对于中国老百姓来说,土地是他们衣食的主要来源,所以孟子说,"夫仁政,必自经界始",即仁政应从划分田界,使每户民众得到一份土地开始。"经界既正,分田制禄可坐而定也"(《滕文公上》)。他对梁惠王说,让老百姓在5亩的宅园中种上桑树,50岁以上的人便可以穿上丝织的衣服。养好家禽家畜,70岁以上的人便可以吃到肉食;及时耕作百亩之田,一家几口便可以不饿肚子。民众有了"恒产",生活安定,"养生丧死无憾"(《梁惠王上》),这便是"仁政"的开始。

(3)轻刑薄税——"仁政"的法制体现

孟子认为,实行"仁政",并非一味行善,不要法制。"不以规矩,不能成方圆","不以六律,不能正五音","徒善不足以为政,徒法不能以自行"(《离娄上》)。搞政治的人,不可能去讨好每一个人,而必须借助法制的手段,"明其政刑"(《公孙丑上》)。"明其政刑",关键在把握好法制(包括刑法、税法)的"度"。孟子主张,轻刑薄税,并以之作为"仁政"的法制体现。

"轻刑",首先是不要滥开杀戒。梁惠王问孟子:"天下怎样才得安定？"孟子回答："定于一统。"又问："谁能一统天下？"答："不滥杀人的国君才能统一天下。"老百姓成天生活在死亡恐惧的阴云笼罩之中，当然盼望"有不嗜杀人者"来拯救自己，"则天下之民皆引领而望之矣"（《梁惠王上》）。国君如能做到这一条，百姓对他的归顺之心，就像水之向下奔流一样，无可阻挡。

"薄税"，就是减轻老百姓的赋税负担，使他们富裕起来。"易其田畴，薄其税敛，民可使富也。"（《尽心上》）孟子认为，布帛、粟米、力役三种赋税同时施加在民众身上，负担太重。"君子用其一，缓其二"，只征集一种，以使百姓休养生息。否则，"用其二而民有殍，用其三而父子离"（《尽心下》），就会发展到路有饿殍、父子离散、民不聊生的境地。减轻赋税，是很紧迫的政务，不可拖沓。宋国的大夫戴盈之赞成孟子的薄税主张，但又说今年来不及办，明年再完全实行。孟子便用偷鸡贼请求从日偷一鸡减少到月偷一鸡的比喻来说服戴盈之：已经知道了不对，就应该尽早改正，为什么要等到明年呢？（《滕文公下》）

孟子很清楚，治理国家，没有法制是不行的。但法制仅仅是手段，是实行"仁政"的工具，或者说是"仁政"的补充。只要"明其政刑"（《公孙丑上》），把握好轻刑薄税这一"度"，必将从法制方面巩固"仁政"。他说："以佚道使民，虽劳不怨。以生道杀民，虽死不怨杀者。"（《尽心上》）在为民众安逸的原则下来役使民众，老百姓虽然劳苦，也无怨言。在为民众生存的原则下处死罪犯，被杀者也不会有怨恨之心。在法制与仁政的辩证关系上，孟子的看法给后人以深刻的启迪。

（4）"善政不如善教之得民也"——"仁政"的教化保证

"仁政"不仅意味着关心民众的生老病死，使他们免受冻馁之苦、徭役之累，而且还应包括对民众施以教化，提高他们的道德水准和文化水准。孟子认为，相对于前者，后者更能从根本上争取民心，从而巩固统治。他说："仁言不如仁声之入人深也，善政不如善教之得民也。""善政得民财，善教得民心。"（《尽心上》）因此，在解决温饱问题之后，统治者的当务之急，便是以仁、义、礼、智来教化民众。这对民众，对国家，都十分必要。对于民众，不施教化，使之长期处于冥顽不灵的状况，是对他们的坑害。"不教民而用之，谓之殃民。殃民者，不容于尧舜之世。"（《告子下》）仁慈的君主，当然不能这样做。另一方面，教化民众，防止他们作恶犯乱，对于国家的稳定、社会的安宁也有积极意义。就此而论，孟子认为："城郭不完，兵甲不多，非国之灾也；田野不辟，货财不聚，非国之害也。上无礼，下无学，贼民兴，丧无日矣。"（《离娄上》）

城墙不坚，军备不足，农耕不兴，经济不富，还不是国家的根本危机所在。而一旦社会上层不讲礼义，社会下层没有教化，犯上作乱者纷纷而起，那么国家的灭亡也就为期不远了。

在教化的内容方面，孟子秉承孔儒之学的传统，特别强调教以人伦，即"父子有亲，君臣有义，夫妇有别，长幼有序，朋友有信"（《滕文公上》）。教化的对象，既包括儿童，又包括成人。对儿童，"设为庠序学校以教之"（《滕文公上》），对于成人，则"以暇日修其孝悌忠信，入以事其父兄，出以事其长上"（《梁惠王上》）。教化的方式，孟子归纳为五种：有像及时雨那样灌溉的，有成全品德的，有培训才能的，有解答问题的，还有以才学影响使后人自学获益的（《尽心上》）。

将教化纳入"仁政"的范畴，是孟子政治学说的一大创造，也是对民本主义的重要发展。

（5）"与民同乐"——"仁政"的社会氛围

君主推行"仁政"，需要营造一种祥和的社会氛围。这就要求统治者与被统治者在爱好、情感方面相互沟通。孟子将这称为"与民同乐"。

齐王爱好音乐。孟子问他："独自欣赏音乐，与同别人一道欣赏音乐，哪一种情况更快乐？"齐王答："与人一道欣赏更快乐。"又问："与少数人一道欣赏和与多数人一道欣赏,哪一种更快乐？"齐王答："当然是与多数人一道欣赏更快乐。"孟子因势利导,对齐王说明"与民同乐"的道理："假如您在这里奏乐,老百姓听到后,却愁眉苦脸,议论道：'国王如此爱好音乐,可为什么使我们生活如此困苦呢？'假如您外出狩猎,老百姓看到华丽的仪仗,又愁眉苦脸地议论道：'国王如此爱好打猎,可为什么令我们妻离子散呢？'您快乐,而老百姓却忧心忡忡,这是因为您不与民同乐的缘故。反之,您欣赏音乐,老百姓也为您的健康快乐而欢欣鼓舞；您外出打猎,老百姓也为之眉开眼笑。君民同乐,社会祥和,治理国家就很容易了。"(《梁惠王下》)

齐宣王向孟子询问如何实行"王政"("仁政")。孟子告诉他,首先要关心鳏寡孤独者的疾苦。宣王说："您说得对。"孟子问："既然您赞成,为什么不实行呢？"宣王回答："因为我有好财、好色的毛病,恐怕实行不了。"孟子说,这没关系。您好财,就使老百姓也不缺钱财。您好色,就关心天下百姓的婚姻,使"内无怨女,外无旷夫"。与民同乐,"仁政"就一定会成功。(《梁惠王下》)

能否"与民同乐",关系到国家的存亡,因而也关系到君主的快乐能否长久。孟子用正、反两面的鲜明对比,启发梁惠王：周文王筑灵台,虽然也耗费了民力、财力,但他"与民偕乐",老百姓也与文王一样快乐。相反,夏桀不顾民众死活,独自享乐,还自比为太阳。老百姓对他恨得咬牙切齿,骂道:"太阳呀,你什么时候消亡?我们宁愿与你一道死去!"(《梁惠王上》)民怨沸腾到了这种程度,暴君的末日就要降临,哪里还谈得上乐与不乐。

与民同乐,与民同忧,是对君王高标准的道德要求,是君王以"不忍人之心"将自己与民众相沟通的情感体现。孟子总结道:"乐民之乐者,民亦乐其乐;忧民之忧者,民亦忧其忧。乐以天下,忧以天下,然而不王者,未之有也。"(《梁惠王下》)这是对民本主义的高度阐扬,是"仁政"说中尤显光彩的部分。

(6)"听政于国人"——"仁政"的决策规程

实行"仁政",在决策过程中,要广泛听取民众的意见和建议,以避免君主偏听、偏信或者独断专行。孟子从尧、舜时代的原始民主制中吸取思想营养,提出"听政于国人"的主张。

齐宣王问孟子:"我怎样去辨别人才,决定任用与否?"孟子回答:"识别、任用人才,是很慎重的事情。左右亲近者都说某人贤明,不可轻信;大夫们也都说这人贤明,还不可轻信;全国的人都说这人不错,然后再加以考察,证实他确实贤明,最后再任用他。反之,左右亲近者都说某人不可用，大夫们也说这人不行，都不能相信；全国的人都说这人不行，再加以考察，确实不可用，再罢免他。处死罪犯，也是如此。左右皆说某人可杀，不可轻易处置；大夫们也说可杀，还不可下决断。全国的人都说非杀不可，再查证落实，确实该杀，最后才可处死。"(《梁惠王下》)

当然，在实际的"仁政"决策过程中，很难要求君王事事都依此程序办理。但孟子的主旨在于，尽可能广泛地听取各方面的意见，尤其要听取来自社会底层的民众的意见，避免决策中的失误。将民众的意愿、民众的是非判断作为决策的根本依据，是孟子"仁政"说的又一贡献。对照孔子"天下有道，则庶人不议"(《论语·季氏》)的保守主张，我们更能体会到"听政于国人"的历史进步意义。

（7）"民为贵，社稷次之，君为轻"——"仁政"的政治学基础

君主在社会政治中的地位，自阶级社会以来，一直是至高无上的。"普天之下，莫非王土；率土之滨，莫非王臣。"《诗经·小雅·北山》中的这一著名诗句，表明了君主对于土地和臣民的绝对权威。孟子也承认土地、人民是君主统治的基础。他说："诸侯之宝三：土地、人民、政事。"(《尽心下》)假如诸侯轻视这三者，荒弃土地，祸害人民，疏忽政务，只是一味聚敛珍珠美玉，那么大难就会临头。在

孟子看来，君主并不能因为身居最高统治地位，就自然而然地享有永久的权威。能否拥有统治权威，要依君主对待民众、对待下属、对待履行自己职责的态度而定。孟子说："君主视臣下如手足，那么臣下就会视君主如腹心；君主视臣下如犬马，那么臣下就会视君主为一般的国人；君主视臣下如下贱的泥土草芥，那么臣下就会视君主为仇敌。"（《离娄下》）将心比心，以情换情，君主只有通过实行"仁政"，争取民心，"得其心"而"得其民"，"得其民"而"得天下"（《离娄上》）。反之，君主倚仗权势，欺压民众，必然由失心而失民，由失民而失天下，甚至丧失自己的生命。对于这样的昏君，孟子认为，他不仅完全丧失了统治国家的权威，而且是死有余辜。因此，当齐宣王问他："像商汤放逐夏桀、武王讨伐商纣那样，做臣子的杀死他的君主，可以吗？"孟子义正词严地回答："破坏仁的人叫作'贼'，破坏义的人叫作'残'。毁仁害义的坏蛋，叫作'独夫'。人们只听说把罪大恶极的'独夫'纣处死了，没有听说过什么臣子杀死君主的。"（《梁惠王下》）

孟子认为，不是君主的权威决定民众的命运，而是民众对君主的态度决定君主的命运。据此，孟子振聋发聩地提出：

> 民为贵，社稷次之，君为轻。（《尽心下》）

这一石破天惊之论，是对沿袭已久的君主至上论的当头棒喝，是古代民本主义思想高度升华而产生的最辉煌命题。而孟子的"仁政"说，正是建立在这样一种开明的、进步的政治学基础之上。

孟子为我们勾画出这样一幅社会政治关系的层次递进图：

"得乎诸侯为大夫"（《尽心下》）——只有得到诸侯的欢心，才能成为大夫。

"得乎天子为诸侯"（《尽心下》）——只有得到天子的欢心，才能成为诸侯。

"得乎丘民而为天子"（《尽心下》）——只有得到民众的欢心，才能成为天子，成为一国之君主。

显而易见，在这一层次系统中，大夫的命运，由诸侯决定；诸侯的命运，由君主决定；而君主的命运，由民众决定。所以孟子的结论是"民为贵，社稷次之，君为轻"（《尽心下》）。

对这一命题，朱熹解释道："社，土神。稷，谷神。建国则立坛墠以祀之。盖国以民为本，社稷亦为民而立，而君之尊，又系于二者之存亡，故其轻重如此。"（《四书章句集注》）朱熹将孟子命题的民本主义精髓阐发无遗，是为千年不刊之论。

3．"仁政"说的历史地位及评价

作为社会政治理论，孟子"仁政"说关注的重心在如何争取民心，巩固政权。但在他生活的战国中期，列国君主们孜孜以求的，却是如何武力进取、称霸天下。目标的错位使得双方很难相互接纳。孟子一再对君主皆非"仁者"而深感失望，而君主也对"仁政"说的脱离实际、过于理想化表示怀疑和不感兴趣。因此，孟子在世时，"仁政"说一直没有实践的机会，也未得到时论的赞誉。从这一意义上，我们可以认为，"仁政"说是一种生不逢时的社会政治理论。

理论因超前于时代而遭受冷遇的境况，必将因历史的演进而改观。随着地主阶级统一政权的建立，尤其是秦代严刑峻法二世而亡与汉初休养生息三朝（高祖、文帝、景帝）兴盛的正反教训的鲜明对比，使人们开始重新认识"仁政"说不可忽视、不可摒弃、不可替代的重要价值。不行"仁政"，夺取了天下也会很快丧失，而实行"仁政"，则可以挽救社会危难，实现长治久安。汉初陆贾针对高祖刘邦"乃公居马上而得之"（靠武力打天下）的"霸"气，反诘道："居马上得之，宁可以马上治之乎？"而且，"乡使秦已并天下，行仁义，法先圣，陛下安得而有之？"倘若秦王朝实行"仁政"，哪里还有您的天下？陆贾的结论是：打天下，用"逆取"

之法,而治天下,则须用"顺守"之法,这才是"长久之术"!(《史记·郦生陆贾列传》)"顺守"之法,莫过于"仁政"。孟子的思想,适逢其时,显示出卓越的社会功用。打天下时用不着,治天下时离不了。孟子"仁政"说的现实价值,从此获得充分发挥的时代机遇与社会需求,成为中国古代政治领域的"显学",中国民本主义政治传统也因此而得到充分的发育。

孟子"仁政"说的终极目标,是维护新兴地主阶级统治的长治久安,而非全然为民众谋取幸福。这也是一切民本主义者的理论立足点。在民本主义者看来,民众不过是君主"发政施仁"的客体,归根结底,是被怜悯、被保护、被教养、被利用的对象,而君主作为"发政施仁"的主体,通过怜悯、保护、教养、利用民众的种种手段,最终达到长治久安的目的,从而从根本上维护自己的个人利益与阶级利益。这才是民本主义的要旨。简言之,民本主义在本质上不是民本位理论,而是君本位理论;是"治人者"的理论,而非"治于人者"的理论。它和诞生于近代西方的以"主权在民"为要旨的近代资产阶级民主主义,分属完全不同的时代,具有完全不同的本质,不可混为一谈。

但是,民本主义所提出的具体的社会政治主张,又在客观上相当程度地制约了专制君权的极端恶性发展,维护了民众的基本生存权利,有利于社会经济的发展,因而具有明显的历史正当性、进步性，体现了中国传统政治学说中光明的一面。正是在此意义上，孟子的"仁政"说成为后世开明的政治家、思想家们一再援引的范例。

翻检中国史册，我们不难发现，大凡兴盛的王朝，在治国方略的选择上，总不出"轻刑薄税"、"制民之产"、推行教化、"听政于民"之类的"仁政"轨范。汉代的"文景之治"，唐代的"贞观之治"，清代的"康乾盛世"，概莫能外。而痛恶残暴专制、向往社会安宁、萦怀百姓疾苦、关心天下忧乐的志士仁人，更代复一代地从《孟子》篇章中吸取营养，得到启迪。杜甫"朱门酒肉臭，路有冻死骨"（《自京赴奉先县咏怀五百字》）的激愤诗句，正是"庖有肥肉，厩有肥马，民有饥色，野有饿莩"（《梁惠王上》）的余韵流响；范仲淹"先天下之忧而忧，后天下之乐而乐"（《岳阳楼记》）的千古名言，也正是"乐民之乐者，民亦乐其乐；忧民之忧者，民亦忧其忧。乐以天下，忧以天下，然而不王者，未之有也"（《梁惠王下》）的高亢回声。

尤其是当君主专制趋向极端，思想家们愤然而起，与之抗争时，孟子的"仁政"说更是他们引为至贵的理论宝库。这在明末黄宗羲及其《明夷待访录》中，表现得最为鲜明。

中国历史上的君主专制，到明代达到登峰造极的地步。朱元璋废除沿袭千年的丞相制，"收天下之权以归一人"（王世贞《弇山堂别集》），规定吏、户、礼、兵、刑、工六部长官直接对皇帝负责；又设立东厂、西厂、锦衣卫等特务组织，其势力无孔不入，以加强对民众的人身控驭与思想钳制。与此相应，朱元璋自然对主张行"仁政"的孟子十分忌恨，认为"君之视臣如土芥，则臣视君如寇仇"（《离娄下》）等"非臣子所宜言"（《明史·钱唐传》）。他于明洪武二十七年（1394年）令人将《孟子》删除三分之一；又下令将孟轲之牌位逐出孔庙，"命罢配享"。即便如此，朱元璋还不解恨，竟诅咒道："使此老（指孟子）在今日，宁得免耶？"(全祖望《鲒埼亭集》)恨不得将孟子拉回明朝，开刀问斩。

专制君主所极端忌恨的，恰恰是民本论者所高度推崇的。黄宗羲"有鉴于明季秕政"（周寿昌《思益堂日札》，撰《明夷待访录》，援引孟子"仁政"思想，对黑暗的君主集权展开猛烈批判。

在《明夷待访录》的《原君》《原臣》《原法》《置相》《学校》《田制》《财计》等篇章中，黄宗羲多次直接引用《孟子》中的思想来针砭明代弊政，如：视昏君为寇仇，为"独夫"的思想；明君应拯民于水火的思想；"行一不义，杀一不辜，而得天下，皆不为也"的思想；"一夫百亩"的"正经界"，行"井田"思想；"行旅皆欲出于王之涂"的思想。黄宗羲毫不掩饰自己对孟子的尊崇,明言："孟子之言，圣人之言也。""至废孟子而不立，非导源于小儒乎！"(《原君》)《清史稿》也直接标帜《明夷待访录》的理论渊源："《原君》《原臣》诸篇，取义《孟子》。"黄宗羲还继承孟子"民贵君轻"的命题，提出如下警策之言：

> 盖天下之治乱，不在一姓之兴亡，而在万民之忧乐。(《原臣》)

与黄宗羲同时代的顾炎武、王夫之等人，也对孟子"仁政"说多有吸纳。顾炎武说："人君之于天下，不能以独治也，独治之而刑繁矣，众治之而刑措矣。"(《日知录》)王夫之也说："一姓之兴亡，私也；而生民之生死，公也。"(《读通鉴论》)他力主"不以一人疑天下，不以天下私一人，休养厉精，士佻粟积"，"足以固其族而无忧矣"(《黄书·宰制》)。"仁政"的民本精神，在两千年后的明末清初，重新放射出耀眼的光华。

进入近代，孟子的"仁政"说再一次成为激进的资产阶级思想家改造、利用的思想资料。《孟子》的文化元典意义，也因此再一次得到历史的验证。

前文提到，民本主义与近代民主主义分属不同的时代，具有完全不同的本质。但是，民本主义的"仁政"说所包含的限制君权，重视民心向背，听政于民，维护民众基本生存权利等具体内容，又与鼓吹"主权在民"的近代民主主义政治学说存在着相近或相通的一面。尤其是在谴责残暴的政治专制和思想一统方面，二者更有许多共同语言。因此，近代中国的维新派在热情学习、宣传西方民主政治理论的同时，又热衷于从中国古代民本学说中援引成说，运用"托古改制"的手法，借用孔子、孟子的峨冠博带，来演出历史的新剧。孟子的"仁政"说，成为他们理论兴趣的关注焦点之一。康有为作《孟子微》专立"仁政"一章，称孟子"惟其一切为民，故为仁人仁政也"，又将其比附为"孟子立民主之制"。梁启超也认为，"孟子言民为贵，民事不可缓。故全书所言仁政，所言王政，所言不忍人之政，皆以为民也。泰西诸国今日之政殆庶近之"(《饮冰室合集·读〈孟子〉界说》)。比康、梁更加激进的孙中山，在建立自己"三民主义"革命纲领时，也从孟子"仁政"说中吸取了古代民本思想的营养。他在《中国革命史》中，称引《孟子》"有所谓'闻诛一夫纣，未闻弑君'，有所谓'民为贵，君为轻'，此不可谓无民权思想矣"。康、梁及孙中山对孟子"仁政"说所作的新诠释，固然有他们"六经注我"式的实用倾向，但也说明了这一学说本身确实蕴藏着超越时代的丰富内涵与积极功用，而这正是一切文化元典共有的品质。

四 "贵义贱利"与传统价值标准

价值标准是民族文化共同体全体成员的行为准则。春秋战国时期，中华文化所特有的价值标准系统在空前热烈的思想争鸣和剧烈动荡的世事浮沉中渐显轮廓，并日趋定型。孔子创立的儒家学派，在这一问题上贡献尤多，影响尤深。孔子首倡以礼为行为规范，以义为价值准绳，因而他很少言利。孔子一生，从不问某事有利无利，而只问其合义不合义。孟子继承并发展了孔子的义利观，而且在贵义贱利的程度上，有过之而无不及。他一方面高扬"义"的价值意蕴，鼓吹"舍生取义"亦在所不辞，另一方面又贬低"利"的价值意义，"何必曰利"(《梁惠王上》)，进而将义与利二者推至近乎对立的位置。孟子贵义而贱利的思想，对后世儒者影响极大。从西汉董仲舒的"正其道不谋其利，修其理不急其功"(《春秋繁露·对胶西王越大夫不得为仁》),一直到宋明理学家的"饿死事小,失节事大"(《二程遗书·伊川先生语八》),都是这一思想的极端化发展。

由于历史形成的儒学在中国文化中的主流地位,又由于孟子在儒学体系中的"亚圣"地位,孟子的贵义贱利观念给中国传统文化的价值标准系统打上了深刻的烙印。从社会经济基础方面分析,中国两千年自给自足自然经济的长盛不衰,无疑是贵义贱利价值观最合适的植根土壤,而历代政权对重农抑商、耕读为本的倡导,又为人们在现实生活中接受贵义贱利的价值选择提供了政策保障。从思想意识形态自身的理论涵盖域(宽度)及说服力(深度)方面分析,"贵义贱利"说也有其独具的特长。它之所以能成为中华文化价值标准系统的基本准则,显然有值得我们深究的理论内因。

1. 春秋战国时期围绕"义""利"问题的热烈争鸣

春秋战国时期的社会大动荡和人际关系的大改组,逼迫人们在人生理想、生活态度、行为规范诸方面进行新的抉择。针对价值观念的变迁这一时代大课题,各家各派纷纷提出自己的人生哲学,并围绕着"义"与"利"的问题,展开了热烈争鸣。其中既有儒家的重义轻利,法家的重利轻义,墨家的并重义、利与道家的摒弃义、利之间的驳难,又有儒家内部荀子的先义后利、以义制利与孟子的贵义贱利乃至尚义反利的分歧。

在诸子百家的辞典中,"义",指的是道德的根本,伦理的原则;"利",则指的是对人的衣、食、住、行有直接好处的利益。二者之间关系如何,儒、墨、道、法诸家各执一说。

孔子重义而轻利。他认为,义是人的立身之本,"君子喻于义,小人喻于利"(《论语·里仁》),品德高尚的君子只追求义,而品德低劣的人,却只追求利。"君子义以为上"(《论语·阳货》)。因此,"子罕言利"(《论语·子罕》),孔子很少与人谈论"利"的问题,他觉得一个人如果只考虑自己的利益而行事,一定会妨碍"义",从而招致很多的怨恨,"放于利而行,多怨"(《论语·里仁》)。所以孔子一生所作所为,从来只关心其合义不合义,符不符合伦理道德,而不关心其有利无利,能否带来什么好处。在孔子那里,虽然"利"还不等同于"恶",但"义"却已成为"善"的同义语。"德之不修,学之不讲,闻义不能徙,不善不能改,是吾忧也。"(《论语·述而》)合于义,即是真,是善,是美;不合于义,则是伪,是恶,是丑。重义而轻利,是孔子价值观的鲜明特点。

法家与儒家正相反,重利而轻义。法家认为儒家的仁义之说，在争战日烈的现实面前，只是空谈。古代民风淳朴，仅仅是因为"古者人寡而相亲，物多而轻利易让"（《韩非子·八说》）。而现今"人民众而货财寡，事力劳而供养薄"，所以言利、争利，是完全正当的。韩非从"上古竞于道德，中世逐于智谋，当今争于气力"的事实，得出"仁义用于古而不用于今"（《韩非子·五蠹》）的结论。法家法、术、势相统一的学说，完全抛弃仁义的外衣，赤裸裸地为统治者谋利，公开申言"霸王者，人主之大利也"，"富贵者，人臣之大利也"（《韩非子·六反》），毫不掩饰其重利轻义的宗旨。

与孔儒之学同为时代"显学"的墨家学说，在义、利问题上，持二者并重的观点。墨子承认"万事莫贵于义"（《墨子·贵义》），"天下有义则治，无义则乱"（《墨子·天志中》）。但墨家同时又认为，"义，利也"（《墨子·经上》）。义之所以可贵，之所以能治天下，就在于义能为人们带来利益，义与利，是一致的。墨子在著名的"三表"说中提出判断是非的三条标准，最重要的在第三条："发以为刑政，观其中国家百姓人民之利。"（《墨子·非命上》）以政治实践是否符合国家、民众的利益，作为检验是非的最后标准。墨家讲"利"，一般均指"民之利""天下之利"，亦即公利；而儒家说利，多指私利，这是两家论"利"之着眼点的不同。墨家在言公利的基础上，主张义、利并重；而儒家却只重义，不重利,既鄙视追求个人之私利,也淡漠民众之公利。

道家与儒、法、墨又不同,既视义如浮尘,又视利如稗糠。老子提出,"大道废,有仁义"(《老子·十八章》),"绝仁弃义,民复孝慈;绝巧弃利,盗贼无有"(《老子·十九章》)。庄子也表白:"自我观之,仁义之端,是非之涂,樊然淆乱,吾恶能知其辩!"(《庄子·齐物论》)道家对人的生命持超然态度,当然也就对"利"更无所谓:"死生无变于己,而况利害之端乎?"(《庄子·齐物论》)

不唯儒、墨、道、法诸家论说不一,即便在儒家内部,对于"义"与"利"之关系,在孔子以后,也发生分歧。其代表人物,一为荀子,一为孟子。

荀子非常重视义利之辨。他鄙视"不学问,无正义,以富利为隆,是俗人者"(《荀子·儒效》),而尊崇"义之所在,不倾于权,不顾其利,举国而与之不为改视,重死持义而不挠,是士君子之勇也"(《荀子·荣辱》)。但是,荀子并不完全否认人趋利避害的正当欲望,"好利恶害,是君子小人之所同也;若其所以求之之道则异矣"(《荀子·荣辱》)。好利并不错,关键是看你用什么方式方法去"好"。"义与利者,人之所两有也,虽尧舜不能去民之欲利,然而能使其欲利不克其好义也。"(《荀子·大略》)在义利问题上,统治者要为民众做出榜样,"上重义则义克利,上重利则利克义。故天子不言多少,诸侯不言利害,大夫不言得丧"(《荀子·大略》)。不言利,并非完全排斥利,而是防止片面地追求利而妨害了义。"先义而后利者荣,先利而后义者辱"(《荀子·荣辱》)。荀子的观点是:正确的求利之道,应该是先义后利,以义制利,而不能反其道而求之。

对于荀子,义与利是先与后的关系;而对于孟子,义与利则是贵与贱、重与轻,甚至是正与反、是与非的关系。尽管他有时也讲合义之利可取,与荀子的利不克义说接近,但在更多的场合,他总是强调二者的对立,"为富不仁矣,为仁不富矣"(《滕文公上》),强调在义与利二者"不可得兼"的情况下,人们应当"舍生而取义",完全置利于不顾。孔子区别义、利,而孟子则进一步分裂义、利,扬义贬利,进而将二者推向对立。这便是孟子义利观的本质特征。

2. 孟子"贵义贱利"价值观论析

立足于贵义贱利的基本立场,孟子围绕价值观问题,提出了一系列概念、判断和推理,其中既不乏辨析的精辟,亦间有立论的偏颇。

(1)"何必曰利"

《孟子》开篇所载,孟子说的第一句话就是:"何必曰利?亦有仁义而已矣。"(《梁惠王上》)孟子见梁惠王,梁惠王问道:"老先生不远千里而来,将给我的国家带来利益吧?"孟子回答说:"大王,您为什么一定要谈什么利益呢?只要讲求仁义就够了。上上下下都一味追求利,国家就很危险了。世上没有讲'仁'而遗弃父母的人,也没有讲'义'而怠慢君主的人。大王只要讲仁义就够了,为什么一定要谈利呢?"

不仅君主不应谈"利",而且臣下也不该谈"利"。宋轻到楚国去,路遇孟子。孟子问他此行的目的,宋轻回答,准备以"不利"为由,劝阻楚国对秦用兵。孟子大不以为然,"先生之志则大矣,先生之号(看法、观点)则不可"(《告子下》)。孟子继续论道:为臣属的怀着利的观念来服侍君主,做儿子的怀着利的观点来侍奉父亲,当弟弟的怀着利的观念来顺从兄长,君臣、父子、兄弟之间完全去掉仁义,仅以利害关系相连,这样的国家,没有不灭亡的。反之,君臣、父子、兄弟之间,都不讲"利",而以仁义关系相处,这样的国家,一定会统一天下。所以你"何必曰利"(《梁惠王上》)?

不仅为君为臣者不该谈"利",而且普通的老百姓也不该不顾廉耻去"求富贵利达"(《离娄下》)。《孟子·离娄下》记载了这样一个故事:

齐国有一个人,家有一妻一妾。此人每次外出,总是酒足饭饱而归。妻子问他与什么人一起吃喝,回答尽为达官贵人。但其妻疑惑,为什么不见富贵之人来访呢?第二天一早,此人又外出,其妻暗中尾随,只见他来到郊外墓地,四处向人乞讨祭祀所剩的酒菜,以之填饱肚皮。妻子回到家中,伤心地对妾说:"没想到我们终身依靠的丈夫,竟是这样的人。"二人正在咒骂、哭泣,丈夫回来了,他不知底细已败露,依旧对其妻妾显阔气,摆威风。孟子据此而论:"由君子观之,则人之所以求富贵利达者,其妻妾不羞也,而不相泣者,几希矣。"(《离娄下》)有些人所用的乞求升官发财的办法,是很难不使他们的妻妾引为羞耻而哭泣的。

"何必曰利"(《梁惠王上》),短短一语,表达了孟子价值观的鲜明倾向。他关于义、利关系的诸多论述,均与此相关,并由此生发。

(2)"居仁由义"

与"何必曰利"(《梁惠王上》)的轻蔑态度相反,孟子对于"义"予以极度褒扬,热诚坚定,前无古人。

孟子认为,儒学确立的"仁"的精神,"礼"的规范,都必须通过"义"去实现。他反复申明,"仁,人心也;义,人路也"(《告子上》);"仁,人之安宅也;义,人之正路也"(《离娄上》);"夫义,路也;礼,门也。惟君子能由是路,出入是门也"(《万章下》)。"义"是达到"仁""礼"

的唯一途径。在孟子心目中,"义"是行事做人的最终准则,这一准则是万万不可背离的。正如刑是国家对于人们的法律裁判一样,义也是个人对于自己的道德裁判。这种道德裁判,出自人生而有之的本性,是人的善"端"的自觉扩充,而非外力对人的强制性要求。所以,孟子不赞成告子仁"内"而义"外"的观点。告子认为,人性好比杞柳树,义好比用杞柳树制成的杯盏。正如杞柳树既可制成杯盏,也可以制成别的用具一样,人性可以"义",也可以"不义"。孟子驳论道,您是顺着杞柳树的本性来制杯盏,还是毁坏它的本性来制杯盏?正确的答案显然应是前者——既然杯盏的制作是顺应杞柳树的本性,那么人之行"义",也就是人的本性的必然要求,而非靠外力强迫才能完成。(《告子上》)

孟子认为,人之行义,是人之所以为人,人之所以有别于禽兽的人性的本质体现,所以,这"义"是万万不可忽视、不可伤害,更不可违背的。只有时时、事事以义为价值准绳,决定自己的言行,才能达到"仁"的境界,不愧为一个真正的人。孟子把这称作"居仁由义"(《尽心上》)。

"居仁由义",体现在以下几方面。

首先,"贵贵""尊贤""事亲""守身"。

在儒家的辞典中,"义"是道德的根本,伦理的原则。孟子将"义"具体化为"贵贵""尊贤""事亲""守身"。

在社会关系中,"用下敬上,谓之贵贵;用上敬下,谓之尊贤。贵贵尊贤,其义一也"(《万章下》)。地位低的人,应尊重君上;地位高的人,应礼贤下士。双方均依"义"而行,"君之视臣如手足,则臣视君如腹心"(《离娄下》),上下协同,国势必然兴盛。否则,"君之视臣如犬马,则臣视君如国人;君之视臣如土芥,则臣视君如寇仇"(《离娄下》),上下反目,国势必然衰微。在家庭关系中,"事亲,事之本也","守身,守之本也","事亲为大","守身为大"(《离娄上》)。侍奉父母、洁身自好,是"义"的基本要求。"不得乎亲,不可以为人;不顺乎亲,不可以为子"(《离娄上》)。孟子以舜为其范例:舜竭尽全力侍奉父母,他的父亲瞽瞍因此非常快乐。这使天下的人都受到感化,父子伦常由此确定,这就叫作"大孝","大孝"就是"义"。

其次,"非其义也","禄之以天下,弗顾也"。

人生在世,经常会遇到财富、功名等等"利"的诱惑。对这些"利",取舍与否,当以"义"为准绳。合义则取,不合义则舍。孟子对此,有非常精确的划分。《孟子·公孙丑下》记载有孟子与陈臻的如下对话:

陈臻问孟子:以前在齐国,齐王送您好金100镒(1镒合20两),您拒不接受;后来在宋国,有人送您70镒,您却接受了;在薛国,又有人送您50镒,您又接受了。接受与不接受,总有一种做法是错误的。

孟子回答：我接受70镒、50镒而拒绝100镒，都是正确的。我准备离开宋国远行，而远行者总是需要盘缠的，这时，有人送我70镒，我为什么要拒绝呢？在薛国，我担心安全问题，这时有人送我50镒，我可以购置武器，用于自卫。我又为什么要拒绝呢？相反，在齐国，我丝毫没有接受100镒的正当理由，没有理由而受人馈赠，就是接受贿赂。哪有正人君子接受贿赂的呢？所以我不能接受齐王的100镒。

孟子的意思很明白：宋人、薛人的馈赠，合于"义"，所以我当然接受；齐王的贿赂，不合于"义"，所以我当然拒绝。以"义"为标准来衡量,我的两种做法都是正确的，并没有自相矛盾之处。

在合义则取、不合义则舍的两个层面中，孟子更多地强调后者，且态度坚定，措辞激烈，不容丝毫犹豫。往小处讲，"非其道，则一箪食不可受于人"（《滕文公下》），不合义，连别人的一筐饭也不可接受。往大处讲，"非其义也，非其道也，禄之以天下，弗顾也"（《万章上》）。不合义，纵然以天下的财富作为俸禄，也弃之不顾。只有这样，才能由"义"之途，入"礼"之门，居"仁"之宅。

最后，弃"不义"之人，改"不义"之举。

现实生活中，总会遇到不义之人、不义之事，如何对待,也是关系到"居仁由义"的精神能否贯彻到底的重要问题。

孟子认为,对待"不义"之人,不管他是什么身份、什么地位,都应与他划清界限,而不可与他搅在一起。为人友的,自食其言,让朋友的妻室儿女挨冻受饿,对这样的人,应该与他绝交,不再往来(《梁惠王下》)。做君主的,不行仁义,企图用残暴的手段去征服天下。对这样的君主,绝不可去辅佐他,而应弃他而去。"无罪而杀士,则大夫可以去;无罪而戮民,则士可以徙。"(《离娄下》)"君不行仁政而富之,皆弃于孔子者也。"(《离娄上》)帮助不行仁政的君主聚敛财富,是孔子非常厌恶的。孟子举出冉求为例。冉求辅佐季康子,不劝季康子行仁德,却使赋税增加了一倍。孔子对此十分恼火,说:"求非我徒也,小子鸣鼓而攻之可也。"(《离娄上》)我不承认冉求是我的学生,你们可以大张旗鼓地去攻击他。

已经做了"不义"之事怎么办?孟子主张应该立即改正,不可拖延。宋国赋税烦苛,百姓不堪重负。孟子建议行什一税,"去关市之征"(《滕文公下》),减轻百姓负担。大夫戴盈之承认孟子所言有理,但希望一步步来,先减免一些,明年再完全实行。孟子以偷鸡贼为喻,反驳他:某贼每天偷一只鸡,有人告诉他,这是不对的。贼说:我少偷一些,由每日偷一只改为每月偷一只,等到明年再完全

洗手不干——这不是荒谬透顶吗？孟子劝戴盈之："如知其非义，斯速已矣，何待来年？"（《滕文公下》）

（3）"舍生取义"

贬利而扬义是孟子价值观的基本倾向。当义与利发生尖锐冲突，必须在非此即彼、非彼即此的两难之中做出抉择时，孟子高扬"舍生取义"的旗帜。"舍生取义"，是孟子价值观中的最高命题。

孟子以生动的比喻来论证这一严肃的命题：

> 鱼，我所欲也，熊掌亦我所欲也；二者不可得兼，舍鱼而取熊掌者也。生亦我所欲也，义亦我所欲也；二者不可得兼，舍生而取义者也。（《告子上》）

孟子进一步阐发道：生命固然是我所渴望的，但我所追求的"义"，更超过生命的价值，所以我不苟且偷生。死亡固然是我所厌恶的，但违背"义"的原则，是我所更厌恶的，所以我不逃避死亡。一筐饭，一碗汤，可以拯救濒临饿死者的生命，但如果以唾骂相施舍，那么旅途中的断粮之人也不会接受。如果将饭食践踏之后再赏赐给人，那么连乞丐也会弃之而不顾。这便是义之所在，生不足惜。当生存必须以损伤人格（"义"）为代价时，那就大义凛然地选择死亡！

"舍生而取义"，是孟子价值观中仁义至上、道德至上精神的最高境界。千百年来，它从积极的意义上，鼓舞了无数仁人志士，为了国家、民族、事业的尊严，也为了个人人格不受玷污，以自己的生命为音符，高奏出传颂千古、永垂不朽的"正气歌"：

> 时穷节乃见，一一垂丹青。在齐太史简，在晋董狐笔。在秦张良椎，在汉苏武节。为严将军头，为嵇侍中血。为张睢阳齿，为颜常山舌。或为辽东帽，清操厉冰雪。或为出师表，鬼神泣壮烈。或为渡江楫，慷慨吞胡羯。或为击贼笏，逆竖头破裂。（文天祥《正气歌》）

这里有不惜牺牲生命而坚持"秉笔直书"的史家，有冒险刺杀暴君的勇士，有犯颜直谏的诤臣，有抗击叛逆的忠良，有不向异族入侵者屈膝的志士，有"鞠躬尽瘁，死而后已"的贤相。他们各自的境遇、结局不尽一致，但其相同的高风亮节，铮铮硬骨，无疑从孟子"舍生取义"的命题中汲取了宝贵的思想营养，从而共同铸成我们"民族的脊梁"。

当然，我们也要指出，当人们从狭隘的伦常层面上去理解所取之"义"——如对昏君的"愚忠"、戕害女性的"节烈"时，"舍生取义"又成为禁锢精神的枷锁，其负面影响，也是极为惨烈的。

(4) 孟子义利观的绝对化、片面性倾向

毋庸讳言，孟子的义利观也有严重的理论缺陷。孟子贵义而贱利，扬义而贬利，倾向于将二者推向截然对立的两端，从而表现出认识的绝对化、片面性。

在孔子那里，"义"作为价值的准绳，本身并不是与物欲之"利"绝对对立的东西。但在孟子思想中，义与利，通常被置于互相背离的地位，他总是强调二者之间的矛盾性，而忽视甚至否认二者之间的相容性。"为富不仁矣，为仁不富矣"（《滕文公上》）。要发财致富就不能讲仁义，讲仁义就不能发财致富。孟子引述的阳虎这句话，相当典型地表达了他义利两橛的观点。

孟子割裂义利、对立义利的思想，在《孟子》一书中，有诸多显露。《尽心上》载，孟子曰："鸡鸣而起，孳孳为善者，舜之徒也；鸡鸣而起，孳孳为利者，跖之徒也。欲知舜与跖之分，无他，利与善之间也。"从早到晚，孜孜不倦地行仁义之善的，是舜那样的人；从早到晚，处心积虑地追求物质利益的，是柳下跖那样的人。要区别舜与跖，没有别的，不过就是利与善（仁义）的差异罢了。

孟子提出，人的口腹有"饥渴之害"，这要靠"利"来解除；人心也有"饥渴之害"，这却要靠"义"来解除。（《尽心上》）但他又认为，"义"可为人解忧，而"利"却不能为人解忧。舜从尧那里继承了整个天下，取得了人们的爱

戴，拥有不尽的财富，又娶了尧的两个美丽的女儿为妻。但舜还是向天哭诉自己的忧怨。这是为什么呢？孟子对万章解答道："人悦之、好色、富贵，无足以解忧者，惟顺于父母可以解忧。"（《万章上》）舜虽然占有天下，但失去了父母的欢心，所以仍"如穷人无所归"（《万章上》），悲苦至极，不得不向天哭诉。孟子解答的宗旨是："利"不足以解忧，唯"义"可以解忧。

孟子以仁义与财富、爵位之利相对立，尤以下面这一例证表现得最明晰：

孟子正准备去会见齐王，得知齐王召见自己，反而不去王宫了。景丑得知此事，觉得孟子所为似乎与礼不合。孟子便引曾参的话答复景丑："彼以其富，我以吾仁；彼以其爵，我以吾义。吾何慊乎哉？"（《公孙丑下》）他有他的财富，我有我的仁；他有他的爵位，我有我的义。我并不比他少什么，为什么要听从他的召唤呢？

人类现实生活中，本没有完全脱离物质利益的所谓"义"，也没有一旦拥有就必然损害道德伦理的所谓"利"。义与利之间，绝非互不相容的绝对对立关系。从这一层意义上分析，墨子的并重义利，荀子的先义后利，都比孟子的割裂义利更接近于人事之情理。而孟子扬义贬利的绝对化做法，又导致了他对于"义"本身理解的片面性。

"义"，本来就是指道德的根本，但孟子以"义"为人们判断价值的绝对标准,有时竟绝对到不顾人的基本道德要求的地步。孔子认为,"言必信,行必果"(《论语·子路》),是气量狭小而固执的小人的信条。孟子进一步以"义"来为孔子辩护:"大人者,言不必信,行不必果,惟义所在。"(《离娄下》)这一结论就显然偏颇,有失公允。

3. 孟子以后儒学"义""利"之分合

春秋战国时期围绕"义""利"问题展开的百家争鸣,随着秦始皇统一中国而告一段落。秦皇父子采纳法家学说治国,急功近利,结果二世而亡。汉初休养生息,出现"文景之治"、人给家足的太平景象。至武帝登基,采纳董仲舒的建议,独尊儒术,儒家从此取得中华文化的主流地位。孔儒注重义、利之辨的思想,也因此成为中华文化价值观念系统的一条基本准则。汉以后两千年,历代儒者在"义""利"之分合上议论纷纷,但总体上看,孟子的贵义贱利、扬义贬利的思想影响巨大,从者如云;而荀子先义后利、兼重义利的认识亦有呼应者,不过势力较小。

汉代大儒董仲舒,主张义重于利。"天之生人也,使人生义与利:利以养其体,义以养其心。"因为人之心贵于人之体,所以,"义之养生人大于利"(《春秋繁露·身之养重于义》)。董仲舒认为,"夫人有义者,虽贫能自乐也;而大无义者,虽富莫能自存"。这一明显承袭孟子"贵义贱利"思想的认识，在董仲舒与江都王的谈话中，精练为一条影响深远的名言："夫仁人者，正其谊不谋其利，明其道不计其功。"(《汉书·董仲舒传》)"谊"，在这里同"义"。为了正其义，明其道，可以而且应当完全不计较功利的得失。孟子贵义贱利的观点，被董仲舒又往前推进了一步。

宋、明时期，儒学吸收佛、道两家精华，形成新的儒学形态——理学。理学家们释义理，论心性，在义利关系上，尤重孟子倡其先声而董仲舒大张其军的义利分裂、扬义贬利的传统。邵雍从历史的治乱更替中总结出规律："天下将治，则人必尚义也；天下将乱，则人必尚利也。尚义则谦让之风行焉，尚利则攘夺之风行焉。"(《皇极经世·观物内篇》)张载以"义"为人生价值的全部所在，除此之外，生死贫富，均不足虑。"当生则生，当死则死；今日万钟，明日弃之；今日富贵，明日饥饿，亦不恤；惟义所在。"(《张子全书》)程颢明确置义、利于非此即彼的对立地位："大凡出义则入利，出利则入义。天下之事，惟义利而已。"(《二程遗书》)程颐则提出："不独财利之利，凡有利心便不可。"(《二程遗书》)理学的集大成者朱熹，称"义利之说，乃儒者第一义"(《与延平李先生书》)。他以天理为义，以人欲为利，认为二者水火不容："人之一心，天理存，则人欲亡；人欲胜，则天理灭；未有天理人欲夹杂者。"朱熹认为："作事若顾利害，其终未有不陷于害者。"(《朱子语

类》)

当宋、明理学家们将孟子的"贵义贱利"说推向"饿死事小,失节事大"(《二程遗书·伊川先生语八》)的极端的同时,儒学内部的事功学派则继承了荀子兼重义利的观点,演绎生发,与理学家辩难。北宋李觏首开其端,提出"人非利不生","焉有仁义而不利者乎"(《盱江集》)。南宋陈亮倡导"义利双行,王霸并用"(《龙川集》),叶适更直接对董仲舒发难:"正谊不谋利,明道不计功,初看极好,细看全疏阔。"他认为,"既无功利,则道义者乃无用之虚语尔",因而主张"以利和义"(《习学记言》)。

儒家明辨义、利的价值观,至清代臻于成熟。经董仲舒直至宋、明理学家一以贯之的割裂义、利的倾向,亦得到总结性的批判。完成这一批判的,是颜元。颜元的观点,明显源自荀子:"惟吾夫子'先难后获''先事后得''敬事后食'三'后'字无弊。"(《习斋四存编》)他论道:"以义为利,圣贤平正道理也。尧、舜'利用',《尚书》明与'正德''厚生'并为三事;利贞,利用安身,利用刑人,无不利。利者,义之和也,《易》之言'利'更多。"颜元接着点明孟子的偏颇及其流弊:"孟子极驳'利'字,恶夫掊克聚敛者耳,其实,义中之利,君子所贵也。后儒乃云'正其谊不谋其利',过矣!宋人喜道之,以文其空疏无用之学。"颜元最后针锋相对地改董仲舒之名言为:"正其谊以谋其

利，明其道而计其功。"(《四书正误》)

总括言之，孟子贵义贱利、扬义贬利的价值观，既有合理的成分，也有偏激之处。其历史影响也当作两面论。从积极的一面看，孟子充分肯定"义"的道德价值不可亵渎，人的精神支柱不可坍塌，千百年来极大地鼓舞了人们为追求正义、捍卫真理而斗争，其功自不可掩；从消极的一面看，孟子将道德之"义"生硬地与人的物质利益相剥离，也直接刺激、助长了中华民族价值观念系统中唯心倾向的分蘖、滋长，且流弊至深，直到20世纪70年代，还流行"宁要社会主义的草，不要资本主义的苗"之类的"豪言壮语"。就此而论，孟子之咎，亦不可辞。

五 "井田""恒产"说与古代小农经济形态

春秋战国时期,中国社会处于新旧交替的巨大变革与动荡之中。诸子百家围绕着社会经济发展的途径、模式,各立其说,热烈争鸣。老子主张"小国寡民","甘其食,美其服,安其居,乐其俗","鸡犬之声相闻,民至老死不相往来"(《老子·八十章》),庄子也有同样的议论。墨子强调"非乐""节用",重视发展粮食生产,保障小生产者的经济地位,"必使饥者得食,寒者得衣"(《墨子·非命下》)。李悝力倡"尽地力之教","治田勤谨"(《汉书·食货志上》),指出"农事害,则饥之本也;女工伤,则寒之原也"(刘向《说苑·反质》)。商鞅提出:"国之所以兴者,农战也。"(《商君书·农战》)韩非也极力论证"富国以农,距敌恃卒"(《韩非子·五蠹》)的道理,并尖锐贬斥无益于耕战之业的儒者、侠士、纵横家、逃避兵役者和工商业者为五大蛀虫("五蠹")。管子则认为,"凡治国之道,必先富民"(《管子·治国》)。晏子首倡"其取财也,权有无,均贫富"(《晏子春秋·内篇问上第三》)。孔子教训冉有,"有国有家者,不患寡而患不均,不患贫而患不安"(《论语·季氏》)。荀子主张"强本而节用"(《荀子·天论》),"节其流,开其源",以实现"上下俱富"(《荀子·富国》)。

与诸子相比,孟子关于社会经济发展的主张,尤有独到之处。他力主推行源于原始氏族公社土地公有制的井田制,并为后世留下了关于井田制最早的较为翔实的记载。他提出在井田制基础上,"制民之产"(《梁惠王上》),轻徭薄赋,使民众由"恒产"而生"恒心",从而实现社会安定,经济繁荣。他还在诸子中率先明确肯定社会分工的合理性、必要性,并在这一前提下,针对当时重农抑商、重本抑末的强大舆论,独树一帜地肯定商品交换的历史必然性,阐明互通有无对于社会进步的积极效用。所有这一切,都为中国古代经济思想增添了重要财富,并给其后两千年中国社会经济形态的流变,打上了深刻的思想烙印。

1. 井田制

(1) 历史上的井田制

井田制,是中国古代起源很早的一种土地制度。

中华先民早在新石器时代中晚期,已经掌握凿井取水的技术。在黄河中下游及长江下游的众多文化遗址中,都发现井的存在。人们聚井而居,并逐渐形成了以同井之人为一个耕作单位的农业劳动和管理方式。唐人杜佑在《通典》中记载:

> 昔黄帝始经土设井,以塞争端;立步制亩,以防不足。使八家为井,井开四道,而分八宅,凿井于中。……夫始分之于井则地著,计之于州则数详。迄乎夏殷,不易其制。

杜佑生活于8—9世纪,距离实行井田制的夏、商、周,已有两三千年,因而其说不可据以为本。

翻检史籍,有关井田制的最早记载,见于《春秋谷梁传·宣公十五年》:"古者三百步为里,名曰井田","井田者,九百亩,公田居一。"但这一记载过于简略,"居一"的公田与其余的非公田有何区别,井田制对社会经济形态的影响、作用,均语焉不详。而孟子却首先对这些问题予以明确的说明。这一说明既是对以往井田制的描述,又表达了孟子自己的社会经济主张,因而在社会经济史、经济思想史方面,都具有宝贵的史料价值和理论价值。

(2)孟子对井田制的肯定及其影响

据《孟子·滕文公上》记载:滕文公使毕战向孟子询

问关于井田制的问题，孟子滔滔不绝地告诉他：

> 夫仁政，必自经界始。经界不正，井地不钧，谷禄不平，是故暴君污吏必慢其经界。经界既正，分田制禄可坐而定也。

实行仁政，一定要从划分井田的田界开始。井田划分不平均，作为俸禄的田租收入也就不会公平合理，所以，暴虐的君王及贪官污吏肯定故意乱分田界。而井田的田界一旦划分正确，分配民众的田亩，制定官吏的俸禄，就很容易决定了。

孟子又描述了井田制下居民的相互关系及劳作情况：

> 乡田同井，出入相友，守望相助，疾病相扶持，则百姓亲睦。方里而井，井九百亩，其中为公田。八家皆私百亩，同养公田；公事毕，然后敢治私事，所以别野人也。

同井共耕者，相互关照，和睦相处。每一方里的面积为一个"井田"单位，共有地900亩，如"井"字形划分，当中100亩为公田，周围800亩为私田，分给八家耕作。这八家应先共同将公田耕种完毕，然后再各自经营自己的百亩私田。

在这里，孟子阐明了每一"井田"之内"居一"的公田与"居八"的私田的关系，为《春秋谷梁传》及《诗经·

小雅·大田》中"雨我公田,遂及我私"的说法,做出了解释。孟子因此而成为历史上明确描述井田制的第一人。

关于井田制的发展及与之有关的赋役制度的变迁,孟子告诉毕战:夏代的井田制,每家私田为50亩,每一井田共有地450亩,赋役为"贡"法,即交纳地产实物。商代每家私田为70亩,每一井田共630亩,赋役为"助"法,即服劳役于公田。到周代每家私田扩充至100亩,每一井田为900亩,赋役为"彻"法,兼行"贡""助"两法。彻、贡、助三法,税率均为十分抽一。

孟子的"井田"说,以周代为标准形态。在周代行助法的地区,仍沿用夏、商的八家为井之制,不过将每家私田数量扩大;而在行贡法的地区,则将原为公田的一份,另分配于人,于是又有九夫为井之制的出现,这便是《周礼·地官·小司徒》记载的:"乃经土地,而井牧其田野,九夫为井,四井为邑,四邑为丘,四丘为甸,四甸为县,四县为都,以任地事而令贡赋。"

简而言之,井田制的特点,可用"均分共耕"四字来概括。秦汉以后,随着土地私有制的健全、壮大,井田制度不复存在。但是,其均分共耕的土地资源配置原则,却对后世产生了深远的影响。汉魏以降,历朝土地、赋役制度的制定及改革,均与此有关。

汉武帝时,为阻止土地兼并的加剧,董仲舒提出:"古井田法虽难卒行，宜少近古，限民名田。"(《汉书·食货志上》)汉哀帝时，师丹、孔光建议下诏限田，规定豪富占地不得过30顷。晋太康年间，行占田制，规定职官占田1 000亩至5 000亩，农民耕种官地，男子每人70亩，女子每人30亩。北魏至唐中叶，均行均田制，成年男子授田40亩至80亩，女子或减半，或不授。另给桑田、麻田、宅地若干。受田后不得迁徙。租庸调亦有定制。北宋庆历年间（1041—1048年），范仲淹等推行"新政"，十大举措中，便有"均公田"一条。稍后王安石变法，重要内容之一，也是"方田均税"。明代万历年间（1573—1620年），张居正主政，下令清丈土地，清查大地主隐瞒的庄田。清初，将明代宗室藩王所遗田地，改归民户所有，"免其易价，号为更名地"(《皇朝文献通考·卷二·田赋考二》)。

以上种种主张、措施，产生的具体时代、社会条件各异，但其基本思路，均不出"井田"制式的"均分共耕"天下田亩的主旨。

尤其值得注意的是，秦汉以后直至明清，虽然在大范围内，井田制已不复存在，但在个别地区，相似的土地关系状况却依然存在。顾炎武《天下郡国利病书》卷三三就记载有明代凤阳府焦山一带，"一家五口，授田五十亩，五家二百五十亩，而中公五十亩，以代官耕，则五家通力合作也"。《皇朝文献通考》卷五也称，清雍正二年（1724年），于直隶新城、固安二县制井田，"令八旗挑选无产业之满洲五十户、蒙古十户、汉军四十户前往耕种。自十六岁以上，六十岁以下各授田百亩，周围八分为私田，中百亩为公田"。直到乾隆元年（1736年），才"改井田为屯庄"。

（3）有关井田制的争论

长期以来，人们对于井田制的性质争论不休。郭沫若认为是奴隶制度下的土地国有制，金景芳认为是奴隶制度下的农村公社制，范文澜认为是封建制度下的土地领主制，徐中舒则认为是封建制度下的家族公社制或农村公社制。众说纷纭中，亦有共识，这就是大家都承认井田制系由原始氏族公社土地公有制发展演变而来，既保留着较多的公有制成分，也包含一定的私有制因素。其特点是耕作者对土地只有使用权，没有所有权。土地在一定范围内实行定期平均分配。大家都承认井田制是中国上古时代普遍实行的重要制度，胡适认为它是空想"乌托邦"的观点，是难以成立的。就此而论，孟子为这一影响极为深远的土地制度留下了宝贵的文献记载，其贡献不可抹杀。

2."恒产"论及其理论价值

孟子鼓吹"井田"说，其实质在于说明：个体小农经济的兴旺发达，是社会安宁、国家强盛、天下太平的基础与前提。为此，他提出了著名的"恒产"论。

滕文公问治理国家之事。孟子说："民事不可缓也。……民之为道也，有恒产者有恒心，无恒产者无恒心。苟无恒心，放辟邪侈，无不为已。"(《滕文公上》)治理国家以关心老百姓为急务。对于一般老百姓而言，拥有一定的、稳固的产业收入，才有一定的道德观念和行为准则。而没有产业收入，丧失了基本的经济来源和生活条件，人们就会不讲道德，为非作歹，扰乱社会。孟子是从维护君主的统治地位而非真正为民谋利的立场上说这番话的，但他确实道出了一条基本的、符合社会历史规律的政治法则。

（1）何谓"恒产"

对于以农耕为主要谋生方式的中国老百姓来说，"恒产"是个什么概念呢？孟子提出：

> 五亩之宅，树墙下以桑，匹妇蚕之，则老者足以衣帛矣。五母鸡，二母彘，无失其时，老者足以无失肉矣。百亩之田，匹夫耕之，八口之家足以无饥矣。(《尽心上》)

五亩之宅，百亩之田，男耕女织，全家温饱。孟子的"恒产"论，实际上道出了中国农民几千年梦寐以求的理想，同时也为历代君主指明了治国安邦的基础。五亩之宅，百亩之田，五母鸡，二母猪，这些具体的数量并不重要。孟子所谓的"恒产"之"恒"，标准是："仰足以事父母，俯足以畜妻子，乐岁终身饱，凶年免于死亡。"(《梁惠王上》)贤明的君主"制民之产"，应以此为度。

分配给老百姓一定数量的土地，并不难做到。但土地本身，并不全然具备"乐岁终身饱，凶年免于死亡"的"恒产"意义。"恒产"是动态生产过程的结果，是生产资料、生产者在一定的国家政策指导、保护下紧密结合的产物。因此，孟子强调："诸侯之宝三：土地、人民、政事。"(《尽心下》)他认为，保持"恒产"，发展"恒产"，应该做到以下三条：

首先，切实保护生产者的生存权利和劳动权利。孟子严厉谴责不义之战对生产者生命的剥夺："争地以战，杀人盈野；争城以战，杀人盈城。此所谓率土地而食人肉，罪不容于死。"(《离娄上》)谴责贫富不均对生产力的破坏："庖有肥肉，厩有肥马，民有饥色，野有饿莩，此率兽而食人也。"(《梁惠王上》)

其次，遵循自然规律。农业生产，受自然气候、地理条件的限制,在生产力不甚发达的古代,尤其如此。孟子因此提出:"不违农时,谷不可胜食也;数罟不入洿池,鱼鳖不可胜食也;斧斤以时入山林,材木不可胜用也。"(《梁惠王上》)不违反自然规律,不做揠苗助长、竭泽而渔、乱砍滥伐之类的蠢事,保护生态,发展生产。

最后,发挥国家政策的调节作用。仅仅"制民之产",分给人民一定的生产资料是不够的,君主还应鼓励勤勉耕作,惩治游惰之徒,"春省耕而补不足,秋省敛而助不给"(《梁惠王下》)。春天巡视备耕情况,对贫困者予以扶助;秋天考察收成如何,丰年平价收购,荒年开仓赈济。政策调节,还包括采用轻徭薄赋的办法,来鼓励生产,繁荣经济,使民富庶。孟子一贯主张减轻民众的赋税负担,不收货物税。征购滞销货物,不使积压;路途关卡对于流通商品只稽查而不征税;对于农民,实行井田制,只助耕公田,不再收税;在居民区,不收额外的夫役钱和土地税。"易其田畴,薄其税敛,民可使富也。"(《尽心上》)

(2)"恒产"论的理论意蕴

孟子的"恒产"论,不仅仅是一种单纯的经济理论,它与道德、政治密不可分,具有厚重的理论意蕴,影响十分深远。

"恒产"论一开始，就是与"恒心"论同时问世的。孟子将人们的经济状况与道德状况直接联系起来考察，是中国古代朴素唯物主义思想的光辉闪现。在孟子以前，春秋时代的管仲曾说过，"仓廪实则知礼节，衣食足则知荣辱"（《管子·牧民》）。与之相比，孟子的"恒产""恒心"说，更具哲理抽象的色彩和逻辑推导力量。礼义廉耻，忠孝节义，必须以基本温饱为前提。所谓"饥寒起盗心"，本质上并非教化问题，而是生存问题。老百姓揭竿而起，铤而走险，从来就不是因为天生品性恶劣，而是为了在无以为生的困厄中为自己拼一条活路。这一被历史屡验不爽的事实，被孟子纳入"有恒产者有恒心，无恒产者无恒心"（《滕文公上》）的精彩命题，成为中国道德学说的重要基石。

孟子的"恒产"论，又与他的政治主张直接相关。他反反复复向梁惠王、齐宣王、滕文公等大小国君鼓吹"恒产"论，其理论的落脚点，都在说明"仁政"的基础。"恒产"也好，"恒心"也好，统统不过是实行"仁政"的必要条件，不过是为巩固君王的政治权力准备物质的和思想的基础。孟子的政治理论一言以蔽之，曰"保民而王"（《梁惠王上》）。如何"保民"？唯有施行"仁政"。"仁政"从何处下手？"夫仁政，必自经界始。"（《滕文公上》）通过划分井田，使民众有五亩之宅、百亩之田的"恒产"，自然勉力耕作，以求"仰足以事父母，俯足以畜妻子"（《梁惠王上》）。既然可以达到"乐岁终身饱，凶年免于死亡"(《梁惠王上》)的基本温饱，老百姓绝不会生出犯上作乱的叛逆之心，必然服服帖帖做天子的顺民，君主从此可高枕无忧。孟子的这一套理论，在争战惨烈的战国时代的各国君主们看来，显然不合时宜，但它对于已经坐拥天下，力图维系政权不失、江山永固的后世君王，却不啻是妙方良药，颇具理论吸引力。孟子的"恒产"论不行于当时却受到身后两千年明君贤相们的一再青睐，原因就在于此。

孟子的"恒产"论，着眼于个体小农经济的生存、发展与兴旺，将经济、道德、政治三个方面综合起来，通盘考虑，一体规划，体现了一个思想家在社会经济形态大转变关头，敏锐的历史眼光和宽阔的理论胸怀。孟子去世以后仅仅几十年，秦始皇统一中国。以个体小农经济为基础的大一统中央集权建立起来。在这以后两千年漫长的年代里，开明的地主阶级思想家、政治家们一再援引孟子的"恒产""恒心""仁政"学说，抑制兼并，调节土地关系，保护个体小农经济的生存，以之作为立国之基，强国之本。中国古代历史上多次发生的带有进步意义的政治、经济改革，无一不是以孟子的"仁政"说为旗帜，无一不是以保护老百姓的"恒产"不遭剥夺为目标。以"五亩之宅，百亩之地，八口之家"式的个体小农经济为基础的自然经济形态在中国存在两千年之久而不衰，原因固然是多方面的，但统治阶级有意识的政策调节,无疑是一个重要的原因。而这种政策调节的理论依据,在相当程度上,受惠于孟子的"恒产""仁政"说,应为不争的事实。具有典型意义的是,晚至清康熙年间(1662—1722年),文华殿大学士、宰相张英,还写过一篇《恒(产琐言》,力倡"保恒产"论。张英强调,"恒产"论是《孟子》一书的主旨,认为《孟子》"言病虽多端,用药止一味,曰'有恒产者有恒心'而已,曰'五亩之宅''百亩之田'而已。"(《恒产琐言》)张英提出,夏、商、周三代,田在官不在民,所以要使民有"恒产"就必须实行孟子所说的"制民之产"(《梁惠王上》);三代以后,田不在官而在民,有田者必"思所以保之",即"保恒产"。两千年后,张英如此呼应,有力地证明了孟子"恒产"论的长久价值。

3. 社会分工与商品交换论的进步意义

孟子经济思想的另一光彩之处,是他的社会分工论。

孟子的社会分工论,起于他对战国时代农家学派领袖人物许行思想的批判。据《孟子·滕文公上》记载:

许行的门徒陈相见孟子,转述其师的话说:"贤明的君主应当与民众一道耕种而食,自己做饭吃,同时管理国事。现在,滕国有储谷的粮仓和存财的府库,这是损害民众来奉养自己,滕文公怎能称得上是贤君呢?"

孟子问陈相："许行一定亲自种庄稼才吃饭吗？"

答："是的。"

又问："许行一定亲手织布才穿衣服吗？"

答："不是。先生只穿粗麻织成的衣服。"

问："许行戴帽子吗？"

答："戴。"

问："戴什么样的帽子？"

答："白丝绸帽。"

问："是自己亲手织的吗？"

答："不是，是用粮食交换的。"

孟子再问："许行用釜、甑煮饭，用铁器耕地吗？"

陈相答："是的。"

问："这些用具都是他亲自制作的吗？"

答："不是，也是用粮食交换的。"

孟子乘虚而入："农夫用粮食交换炊具、农具，不能说是损害了瓦匠、铁匠，那么，瓦匠、铁匠用自己的劳动产品交换粮食，怎么能说损害了农夫呢？而且，许行为什么不亲自烧窑、炼铁，齐备各种物品随时取用呢？为什么他要频繁地与各种工匠进行交易？难道他不怕麻烦吗？"

陈相辩解道："各种工匠的劳作，本来就不是在耕种土地的同时所能兼顾得了的。"

孟子因势利导：

> 然则治天下独可耕且为与？有大人之事，有小人之事。且一人之身，而百工之所为备，如必自为而后用之，是率天下而路也。故曰：或劳心，或劳力；劳心者治人，劳力者治于人；治于人者食人，治人者食于人，天下之通义也。

既然耕田的同时就无暇做工，那么治理国家的同时还顾得上种田吗？官吏与百姓，各有自己的分工。而且，一个人所需的生活资料，本来就要各行各业来提供，如果强求每件东西都要亲手制作而后才用，那是率领天下的人疲于奔命。所以说，有人从事脑力劳动，有人从事体力劳动；脑力劳动者统治人，体力劳动者被人统治；被统治者养活别人，统治者靠人养活，这是通行天下的共同原则。

孟子还以古代圣贤为例，来论证自己的理论：大禹治水，"八年于外，三过其门而不入，虽欲耕，得乎？"稷、契、尧、舜等殚精竭虑，教民稼穑，教以人伦，"圣人之忧民如此，而暇耕乎？"

孟子的社会分工论，不仅说明了务农、做工、经商等不同行业之间分工的必要性和必然性，而且也说明了劳动性质不同的"劳心"与"劳力"之间分工的必要性和必然性。过去，人们往往抓住孟子的"劳心""劳力"说，批判所谓"剥削有理"论，其实是大谬不然！历史唯物主义的一条基本定理是，社会分工既是人类社会生产力发展到一定阶段的必然产物，又是社会生产力进一步飞跃的必要前提。恩格斯有一段名言：

> 当人的劳动的生产率还非常低，除了必需的生活资料只能提供微少的剩余的时候，生产力的提高、交换的扩大、国家和法律的发展、艺术和科学的创立，都只有通过更大的分工才有可能，这种分工的基础是，从事单纯体力劳动的群众同管理劳动、经营商业和掌管国事以及后来从事艺术和科学的少数特权分子之间的大分工。（《马克思恩格斯选集》）

恩格斯在这里讲的是欧洲奴隶制诞生时的情况。而在孟子、许行生活的年代，专职的脑力劳动者"士"阶层，已经存在了几百年。中国的宗法社会已走向无可挽救的衰亡，社会发展到更为先进的阶段。许行鼓吹取消社会分工的"并耕"论，只能是一种历史的倒退，而孟子对于业已存在的社会分工的现实所做的阐释，无论从政治理论或社会经济理论上看，都符合历史进步的大趋势。

既然肯定了社会分工的必然性和必要性，孟子对于因为这种分工而带来的不同行业劳动产品进入商品流通领域，并按价值法则进行交换，也持明确的肯定态度。

孟子的学生彭更认为，士不从事生产劳动，白吃饭，是不合理的,孟子答复他:"你如果不互通有无,交换劳动产品,用多余的来补充欠缺的,就会使农夫有余粮,织女有余布,一方面生产者自己留着无用,另一方面却有人缺吃少穿。你如果能使产品实现交换,那么各行各业的工匠都可以得食于你。"(《滕文公下》)孟子在纠正彭更"士无事而食,不可也"的糊涂观念时,顺带道出了商品交换的积极意义。这在重农抑商、重本抑末观念盛行的当时,确系慧眼独识。孟子认为,商品交换,可以满足不同行业劳动者的生存需要和发展需要,不仅有利于从事"末业"的商人及各业工匠,而且也有利于从事"本业"的农夫,使他们能够集中精力精耕细作,争取好的收成,并充分实现自己的劳动价值。这一认识,显然符合战国时代手工业、商业发展的需要,同时也可以推动农业在专业分工的基础上进一步提高水平。

商品交换,必须也只能依循价值法则进行。围绕这一问题,孟子与陈相有如下对话:

陈相说:"如果依从许行的学说,就能做到市场物价一致,没有欺诈行为。即便打发小孩去买东西,也没有人欺骗他。布匹丝绸长短相同,价钱便一样;麻线丝绵轻重相同,价钱便一样;谷米多少相同,价钱便一样;鞋子大小相同,价钱便一样。"

孟子马上批驳这种貌似公平,实际上大不公平的观点:

> 夫物之不齐，物之情也；或相倍蓰，或相什百，或相千万。子比而同之，是乱天下也。巨屦小屦同贾，人岂为之哉？从许子之道，相率而为伪者也，恶能治国家？（《滕文公上》）

各种东西的品种质量不一样，这是经济生活中的实际情况。因此，商品的价格有的相差一倍五倍，有的相差十倍百倍，有的相差千倍万倍。你却主张将它们的价格完全拉平，这只能是扰乱天下的经济秩序罢了。粗制滥造的鞋和精工制作的鞋卖一样的价钱，人们会干吗？按照许行的主张，人人投机取巧，哪里能治理好国家？

孟子不是专门的经济学家，他对于商品交换所应遵循的法则，也未能做出十分精确的解说。但他从社会生活的实际出发，得出"夫物之不齐，物之情也"的符合经济规律性的认识，并且提出如果人为地去违反这一规律，追求所谓的"国中无伪"，只会适得其反，导致天下大乱。将价格与商品质量联系起来，将价格问题提高到社会治乱因素的高度来认识，孟子以前的思想家，很少有人论及这些问题，因此，孟子的这些认识，在中国经济思想史上，具有首创意义。

六 "顺天""畏天""知天"与传统"天人相通"论

人类置身于茫茫大千世界,最直观的生存体验便是脚踩地,头顶天。脚下这片土地,提供给人类衣食之源,栖身之所,人类自然对其倍感亲切。头上那片天空,变化无常,高不可攀,奥妙莫测,人类自然对其抱有神秘之感。无论中外,"天"都是哲学史、思想史、文化史上最早出现的范畴,最先探究的问题。在中国最早的文字甲骨文、金文中,我们可以频繁地看到"天"的出现,在中国最早的典籍文献《诗》《书》《易》里,我们也可以多次发现中华先民对"天"的认识与评判,如《诗·唐风·绸缪》"三星在天",《诗·大雅·大明》"天监在下,有命既集",《书·泰誓》"天佑下民",《易·乾卦》"飞龙在天",等等。2 300多年前的大诗人屈原,更在其《天问》中一连向苍天提出170多个问题:"遂古之初,谁传道之?上下未形,何由考之?冥昭瞢暗,谁能极之?冯翼惟像,何以识之?……"

1.诸子的"天"论与孟子所下"天"的定义

春秋战国时期,各家各派均对"天"给予充分重视。墨家讲"天志""天意",认为天是有意志的最高主宰;道家讲"天大,地大,王亦大","人法地,地法天,天法道,道法自然"(《老子·二十五章》);法家讲"谨修所事,待命于天"(《韩非子·扬权》);阴阳家则"深观阴阳消息","称引天地剖判以来,五德转移,治各有宜,而符应若兹"(《史记·孟子荀卿列传》)。诸家之中,尤以儒家论"天"最为精详。儒家之中,又是孟子最早给"天"下一个明确定义。

儒家的始祖孔子,对"天"怀着敬畏之情。他平时罕言天性、天道,所以他的学生子贡说:"夫子之言性与天道,不可得而闻也。"(《论语·公冶长》)据统计,万余言的《论语》,以"天"为直接议论对象的,仅十余处。孔子说到"唯天为大,唯尧则之"(《论语·泰伯》),"天之不可阶而升也"(《论语·子张》),"获罪于天"(《论语·八佾》),"不怨天,不尤人,下学而上达,知我者其天乎?"(《论语·宪问》),但是,孔子从未对"天"下一个明确的定义。完成这一工作的,是孟子。

万章问孟子:"尧将天下授予舜,有这回事吗?"

孟子答:"没有,天子不能以天下授予人。"

又问:"那么,舜得到天下,是谁授予的呢?"

答:"天授予的。"

再问:"天授予的,是反复叮咛、告诫他的吗?"

答:"不是,天不说话,以行事来表示罢了。"

在接下来的论述中,孟子在中国思想史、哲学史上首次提出了比较准确的具有哲理抽象意味的关于"天"的定义:

> 莫之为而为者,天也。(《万章上》)

天是什么?天是"非人之所为",亦"非人之所能为""所应为"的一种客观存在、客观必然性。将"天"规范为与人相分离的独立的认识对象,是人类认识史上的界标式成就,它标志着人以自身的存在为本位来认识客观世界规律的开端。

2."天"的不同内涵与人的相应态度

具体而言,孟子心目中"莫之为而为"的"天",有三层不同的内涵:

其一,自然之天;

其二,意志之天(或曰主宰之天);

其三,道德之天。

针对不同的内涵,孟子对"天"的态度也有明显的区别。对于"自然之天",他提出"顺天";对于"意志之天",他提出"畏天";对于"道德之天",他提出"知天"。顺天、畏天、知天,都涉及人与天的关系问题。对于人与天的关系,孟子的基本观点是"天人相通",这既有别于稍后于他的荀子的"天人相分",又有别于汉代董仲舒的"天人相类",也有别于唐代刘禹锡的"天人相胜",在中国思想史上,独树一帜,对其后儒学,尤其是宋、明理学的"天人合一"论,产生了深远的影响。

(1)自然之天——"顺天"

孟子论"天",不少是以纯粹的自然现象为对象。他在谈到禾苗与雨水的关系时说:"七八月之间旱,则苗槁矣。天油然作云,沛然下雨,则苗浡然兴之矣。其如是,孰能御之?"(《梁惠王上》)他还谈到天象岁时:"天之高也,星辰之远也,苟求其故,千岁之日至,可坐而致也。"(《离娄下》)很显然,孟子认为自然之天,有其自身的规律可循,"孰能御之",谁也无法阻挡。人对于这种规律,只能认识它,顺应它,从而取得一定的自由——掌握了天体运行的规律,即使千年以后的冬至这一节气,也可坐而推算出来。

孟子的"顺天",就是要认识自然界中的事物、现象的不同特性。"日月有明,容光必照"(《尽心上》),这是由光的运动规律决定的;"流水之为物也,不盈科不行",这是由水的运动规律决定的。鱼为了躲避水獭的捕食,潜藏于深渊;鸟为了逃离鹞鹰的攻击,隐身于丛林;这都是出于生存的本能。

认识了事物的自然特性,就应该顺应它,而不能有意去违反它,否则,就会处处碰壁。这便是孟子"顺天"论在认识论上的积极意义。农事耕作,必须"不违农时",才有可能获得好的收成;保护山林,禁止乱砍滥伐,才有可能"材木不可胜用";不用密网捕捞,保护鱼苗的生长,才有可能"鱼鳖不可胜食"(《梁惠王上》)。下面这个脍炙人口的故事,更生动地表明了孟子"顺天"论的主旨。

孟子对公孙丑说道:宋国有个人,为禾苗生长太慢而担忧,于是一株一株地将它们拔高一截,忙得不亦乐乎。回到家里,对家人说:"我今天累坏了!我帮助禾苗长高了!"他的儿子赶快跑到地里一看,禾苗全部枯萎了(《公孙丑上》)。

孟子于是告诫公孙丑:绝不可干这种违背自然规律、吃力不讨好的蠢事——"助之长者,揠苗者也。非徒无益,而又害之"。从此,"揠苗助长"便成为人们在强调按客观规律办事,不可主观蛮干时首先援引的成语,两千年来,一直闪耀着自然辩证法的光辉。

孟子的"顺天"论,在相当程度上,是春秋战国时期生产力的发展、科学技术的进步在自然哲学领域里的反映。铁器的大量使用,促进了耕作方式的精细化,复种轮作等技术的采用,提高了土地利用率,增加了单位面积产量。与农业生产密切相关的天文学也有了长足的发展,对恒星周期的测定,365¼日为一年长度的确立,闰月的设置,二十四节气的划分,都为农业的进步,提供了重要帮助。这一切,大大深化了人们对自然界本质及运行规律的认识。孟子正是在这种时代条件下,以其卓越的识见,提出了对"自然之天"的"顺天"论,为中国古代自然哲学的发展,做出了贡献。

(2)意志之天——"畏天"

孟子不是无神论者。他所论之"天",有时又指在冥冥之中决定人们命运的有意志的主宰。在有的场合,他更干脆将这种意志之天、主宰之天称作"上帝"。例如:"虽有恶人,斋戒沐浴,则可以祀上帝。"(《离娄下》)

孟子认为,意志之天,决定人们的命运,具有至高无上的权威。他引《诗》说:"天生烝民,有物有则。"(《告子上》)上天生育众民,每一事物,都有自己的规律。又引《书》说:"天降下民,作之君,作之师,惟曰其助上帝宠之。"(《梁惠王下》)上天降生百姓,又替百姓降生了君主与老师,让君主与老师辅助自己去爱护百姓。上天不仅生育万民，而且对人之际遇、命运，操生杀予夺的大权。君主能否得到天下，巩固统治，全靠天的赐予。万章问孟子："舜有天下也，谁与之？"孟子毫不含糊地告诉他："天与之。"(《万章上》)甚至一般民众之间的交往情况，也由上天在冥冥之中预作安排。鲁平公准备去见孟子，但为小臣臧仓所阻，未能成行。乐正子将此事告诉孟子，孟子发出以下感慨：

> 行，或使之；止，或尼之。行止，非人所能也。吾之不遇鲁侯，天也。臧氏之子焉能使予不遇哉？(《梁惠王下》)

一个人要干一件事，或许有人促进；不干，也或许有人阻挠。但是，这事最终干不干得成，又不是人力所能决定的。我不能与鲁侯相会，是天意的安排。那个姓臧的小子，哪能使我们不相遇呢？

既然小至个人的际遇，大至王位的得失，都由上天决定，所以孟子主张，以虔诚敬畏的态度，来对待这意志之天，主宰之天。齐宣王向孟子请教如何处理与邻国的邦交，孟子告诉他：只有仁爱的君主才以大国的身份服侍小国，所以历史上有商汤服侍葛伯，周文王服侍昆夷。只有明智的君主才以小国的身份服侍大国，所以太王服侍獯鬻，勾践服侍夫差。前者是安于天命而自乐的人，后者是畏惧天命而识时务的人。安于天命而自乐者，可以安定天下；畏惧天命而识时务者，可以保全自己的国家（《梁惠王下》）。孟子最后引用《诗·周颂·清庙之什》中的一句话，作为总结："畏天之威，于时保之。"畏惧上天的威灵，才能够得到个人与国家的安宁。

上天的意志是不可违反、不可亵渎的，但是，孟子又认为，上天的意志并不与人的意志完全背离。在许多时候，二者是一致的。而"畏天"，就是要在"天不言，以行与事示之而已矣"的情况下，认识这种一致，保持这种一致。

万章问孟子，如何理解"天不言，以行与事示之"，将天下授予舜？

孟子解释道：天子能够向天推荐继承天下的人，但不能强迫天把天下授予此人；诸侯能向天子推荐人，但不能强迫天子把诸侯的职位授予他；大夫能向诸侯推荐人，但也不能强迫天子把大夫的职位授予他。以前，尧向上天推荐舜，上天同意了，并向百姓公布，由舜接替尧的职位，百姓也接受了。所以说，"天不言，以行与事示之而已矣"（《万章上》）。

万章又问，推荐给天，天同意了；公开向百姓宣布，百姓也接受了，这是怎样一种情况？

孟子回答：让他来主持祭祀，百神都欣然享用祭品，这就是天同意了；让他来管理国政，老百姓安居乐业，表示满意，这就是百姓接受了。管理天下的权位，是天给的，是百姓给的，所以说天子不能私自将天下送人。舜辅佐尧治理天下28年，这不是某个人的意志所能办到的，而是天意。尧死以后，舜为了让尧的儿子继位，自己躲避到南河的南边去了。但是，天下诸侯朝见天子，不到尧之子那里去，而到舜这里来；打官司的人，也不找尧之子而找舜；歌颂功德者，也不赞美尧之子，而赞美舜。所以说，舜继承天下，是天意。假如舜自己强占尧的宫室，逼尧的儿子下台，那便是篡位，而不是天意的授予了。

孟子总结道："《太誓》曰：'天视自我民视，天听自我民听'，此之谓也。"(《万章上》)《尚书·太誓》所说，天所看到的，正是百姓所看到的；天所听到的，也正是百姓所听到的，就是这个意思。孟子认为，由此可见，上天的意志与民众的意志在决定由舜来接替尧的天子之位这一点上，是完全一致的。赵岐《孟子注疏》在注释这一段话时，认为孟子"言天之视听，从人所欲也"，表明了孟子的"畏天"，并非对意志之天的绝对的、无条件的遵从，而是将春秋以来"民，神之主也"(《左传·僖公十九年》)、"国将兴,听于民；将亡,听于神"(《左传·庄公三十二年》)、"民之所欲,天必从之"(《左传·昭公元年》)的民本主义精华，吸纳进自己的"天"论体系之中，体现出时代的进步意义。正因为如此，孟子在强调天下的得失由上天授予的同时，又反复申言,"得乎丘民为天子"(《尽心下》),并努力将二者协调一致起来。他将独夫民贼戕害百姓而遭受的惩罚称作"天诛",便是神秘主义的"畏天"论对民本主义政治主张的一种包装。

孟子既主张对意志之天须怀敬畏之情,又不完全否认人的意愿对于天的影响,不完全否认人的主观能动性的积极现实功用,对于人们的创造活动,持"谋事在人,成事在天"的态度,"君子行法,以俟命而已矣"(《尽心下》)。

孟子对滕文公说道:"苟为善,后世子孙必有王者矣。君子创业垂统,为可继也。若夫成功,则天也。"(《梁惠王下》)君子只要施仁行善,他的后代子孙一定可以为天下之王。贤明的君子创立功业,传之子孙,正是为了能够世代继承下去。至于最终能否成功,那就要看天意如何了。

孟子在给"天"下定义的同时,也给"命"下了一个定义。"莫之为而为者,天也;莫之致而至者,命也。"(《万章上》)不过孟子又认为,人的命运固然由天决定,但自身的主观努力,也不是完全没有意义。虽然有意志之天在上,但人的追求对于实现自己的目标,也是必要的思想动力。"求则得之,舍则失之,是求有益于得也,求在我者也。求之有道,得之有命,是求无益于得也,求在外者也。"(《尽心上》)对于"求在我者",如培养善良的品性(孟子称为"人爵"),必然是一分耕耘,一分收获。对于"求在外者",

如高官厚禄（孟子称为"天爵"），能否得到，便完全取决于天意了。

综观孟子对意志之天的"畏天"立场，他承认有意志的主宰之天的存在，反映出他"天"论迷信的一面；但他在"畏天"的同时，又不完全排斥人的意志的作用，这表明他的"天"论又包含有肯定人的主观能动性的科学的一面。尤其是他在"畏天"的前提下，提出谋事在人，成事在天的思想，这不论是在两千年以前，还是在文化发展、科学昌明的今天，都不失为一种积极、冷静而又超然、洒脱的人生态度，值得人们去品味、实践。

（3）道德之天——"知天"

孟子"天"论中内涵最丰富的一层，是他对道德之天的认识。

孟子认为，天是有道德的，而且，天在"生烝民""降下民"的同时，就将仁、义、礼、智的道德善端，植根于人心之中。仁、义、礼、智的"人道"，本源于"天道"。人对道德完善的自觉追求，其实也可以归结为对道德之天的认知。这既是孟子的"心性"论，又是孟子的"天"论。

道德之天的存在以及对道德之天的认识，在子思那里便不可分割："诚者，天之道也；诚之者，人之道也。"（《中庸》）孟子全盘继承了这一思想，并从"心性"论及"天"

论两个侧面充分发展了它。关于"心性"论，本书已有专章论述，此处仅从"天"论一面展开。

孟子认为，对于道德之天，人们应当采取"知天"的理性态度。知，就是思考、分析、理解、掌握、运用。他说："诚身有道，不明乎善，不诚其身矣。是故诚者，天之道也；思诚者，人之道也。"（《离娄上》）诚，是"天之道"，追求诚，追求对道德之天的把握，是"人之道"。"人之道"应与"天之道"完全契合。从"心性"论起始，到"天"论终结，是孟子思想的逻辑行程。这一行程，非常直观地展示于孟子的下述论断中：

> 尽其心者，知其性也。知其性，则知天矣。存其心，养其性，所以事天也。（《尽心上》）

为什么"尽心"？"尽"什么"心"？怎样才算实现了"尽心"？清儒戴震一语破的：

> 仁义之心，原于天地之德者也……天人道德，靡不豁然于心，故曰"尽其心"。（《孟子字义疏证·原善卷上》）

"尽心"就是将天人道德融会贯通，就是明了人之善性源于天之道德，就是"知天"——"知"道德之"天"。"知"道德之"天"，是孟子"心性"论的最高境界，也是其"天"

论的最高境界。

孟子非常重视人的道德修养，并依其修养所达到的造诣，分人为善、信、美、大、圣、神六等："可欲之谓善，有诸己之谓信，充实之谓美，充实而有光辉之谓大，大而化之之谓圣，圣而不可知之之谓神。"(《尽心下》)他评价乐正子，便是介于善、信之间，而居于美、大、圣、神之下。而唯有达到圣、神的水平，才能做到"上下与天地同流"(《尽心上》)。换言之，只有圣、神才真正"知天"。圣、神之所以是道德的楷模，正是因为他们对道德之天的理解之深、把握之准、运用之自如，都达到了常人难以企及的程度。

虽然一般人很少最终能够达到圣、神的"知天"水平，但孟子认为，恒久地保持对道德之天的"求知"热忱，是做人的根本要求，"思诚者，人之道也"(《离娄上》)。由于每个人内心先天存在的仁义的善端，是道德之天赋予的。因而能不能尽心尽力地去保护它，使自己的道德与天的道德保持一致，就不仅仅是一个个人品德修养问题，而且更是一个能否取得一个真正的人的资格问题。完全放弃"知天"的努力，自暴自弃，那么将会与禽兽无异。所以孟子的"尽其心者，知其性也。知其性，则知天矣。存其心，养其性，所以事天也"(《尽心上》)，不仅仅是对君子、圣人而论的，更是对每一个人的共同要求。

如果说孟子的道德之天说在鼓励人们培育仁义之心，提高道德水准方面不失其积极意义的话，那么他将天人格化、道德化的本身所体现出的神学倾向，则应当受到科学的批判。至于他在论述如何从上天那里得到启发以培育正直的德行时，说什么保存"平旦之气"，"夜气不足以存，则其违禽兽不远矣"（《告子上》）之类的话，更是荒谬、虚妄，不足为训。

孟子对道德之天的"知天"态度，对宋明理学影响极大。宋明理学家们论"天"，主要是从"道德之天"的含义上来展开的，着重阐发"天即理也"的主旨。正如张岱年先生所论："孟子所谓天，有有意志的主宰之义；在宋儒，此义已取消。宋儒所同于孟子者，在于皆认为天是人的心性之本原，道德之根据。"（张岱年《中国哲学大纲》）周敦颐说"圣人与天地合其德"（《太极图说》）；张载称"神天德，化天道，德其体，道其用，一于气而已"（《正蒙·神化》）；"二程"兄弟认为"在天为命，在义为理，在人为性，主于身为心，其实一也"（《二程遗书》），从思想到语言，都与孟子何其相似乃尔！他们还说："'人心'，私欲，故危殆；'道心'，天理，故精微。灭私欲，则天理明矣。"（《二程遗书》）将"知天"的道德意蕴揭示无遗。朱熹更彻底，他将天地之初"无形象方所之可言"的状态称为"太极"，而"太极"本身即具有道德性："太极只是个极好至善底道理","是天地人物万善至好底表德"(《朱子语类》)。

在宋明理学家那里,"知天"就是"存天理,灭人欲",对"天"的认识及态度,被完全归结为三纲五常的道德修养功夫。孟子的"道德之天"从此被推崇到极致,成为禁锢人们精神的枷锁,"反身而诚,乐莫大焉"(《尽心上》)的愉悦情感丧失殆尽,剩下的唯有"君要臣死,臣不得不死;父要子亡,子不得不亡","饿死事小,失节事大"(《二程遗书·伊川先生语八》)之类阴森冷酷的戒律信条。这当然为孟子所始料不及。

3."天人相通"模式的建构及影响

无论"顺天""畏天"还是"知天",孟子所关注的都不是"天"本身,而是"天"与"人"的关系。这也是以拯救世事,解脱民困为职志的先秦思想家们的共同兴趣之所在。以此为开端,天人之辩成为中国哲学史上常议常新的永恒主题。

综观中国古代哲学史,有关天人关系,先后出现过四种模式:一曰天人相通,二曰天人相分,三曰天人相类,四曰天人相胜。

天人相通模式的建构,始于孟子。"天人相通的学说,认为天之根本性德,即含于人之心性之中;天道与人道,实一以贯之。宇宙本根,乃人伦道德之根源;人伦道德,乃宇宙本根之流行发现。"(张岱年《中国哲学大纲》)从天乃人道之原,天意不可违抗的意义上,孟子提出"顺天者存,逆天者亡"(《离娄上》)的著名命题,表现出不无宿命色彩的"畏天"意绪;但另一方面,孟子又赋予人道相对于天道的独立地位,认为人类应当以理性态度去"知天",而不可绝对消极被动地屈从于命运的安排,表现出新兴阶级的历史主动精神和创造激情。为此,他提出"天时不如地利,地利不如人和"(《公孙丑下》)的千古名言。他鄙视不思进取者,认为"自暴者,不可与有言也;自弃者,不可与有为也"(《离娄上》),告诫人们不可自己打倒自己,"夫人必自侮,然后人侮之;家必自毁,而后人毁之;国必自伐,而后人伐之"(《离娄上》),"祸福无不自己求之者"(《公孙丑上》)。他不止一次地引述《尚书·太甲》警醒世人:"天作孽,犹可违;自作孽,不可活。"天降的灾祸,还可以躲避;自作的罪孽,却逃不脱最严厉的惩罚!

孟子的天人相通说,总结了上古以来,中华先哲对于天人关系思考的成果,吸收了"我生不有命在天"(《尚书·西伯戡黎》),"天命靡常"(《诗经·大雅·文王》),"夫民,神之主也"(《左传·桓公六年》),"天道远,人道迩"(《左传·昭公十八年》),"吉凶由人"(《左传·僖公十六年》)等多方面的思想营养,建构起一个比较完整而严密的理论模式,为中国哲学特有的天人合一论,立起第一根柱石(另一柱石为天人相类说,由汉代董仲舒完成)。

与孟子申言天人相通大异,稍后的荀子十分强调天人相分。他明确地把天道与人道划分为不同范畴的问题,"天行有常,不为尧存,不为桀亡","天不为人之恶寒也辍冬,地不为人之恶辽远也辍广",上天既无意也无力干预人事,"强本而节用,则天不能贫;养备而动时,则天不能病;修道而不贰,则天不能祸"。据此,荀子与孟子针锋相对,提出"唯圣人为不求知天","明于天人之分","从天而颂之,孰与制天命而用之?"(《荀子·天论》)。荀子的天人相分说,是中国古代唯物主义思想在天人关系方面的辉煌闪耀,也是先秦诸子中最具科学意义的天道观。

与孟子的天人相通说同属天人合一系统,但又有重要区别的天人相类说,由汉代大儒董仲舒完成。董仲舒提出:"人之人本于天,天亦人之曾祖父也。此人之所以乃上类天也。"(《春秋繁露·为人者天》)他认为天与人在形体性质上皆相类同,并据此罗列出一连串比附之论:"人之形体,化天数而成;人之血气,化天志而仁;人之德行,化天理而义;人之好恶,化天之暖清;人之喜怒,化天之寒暑;人之受命,化天之四时。人生有喜怒哀乐之答,春秋冬夏之类也。"(《春秋繁露·为人者天》)与孟子的天人相通说相比,董仲舒的天人相类说更多阴阳五行的神秘色彩和牵强附会的诡辩风格,天人相类也因此而成为"天人感应"

神学目的论的理论根据。董仲舒以天人相类论证天人感应，又以天人感应论证君权神授等纲常伦理的无上权威，创造性地完成了自战国末年以来，随着人们认识、实践能力的大提高而产生的对于宇宙、社会、人生做出统一的规律性解释的理论追求，成为汉代最有影响的思想家。但是另一方面，他的天人相类说又直接诱导了谶纬神学怪胎的投世，并且使得阴阳五行观念成为"中国人的思想律，是中国人对于宇宙系统的信仰；二千余年来，它有极强固的势力"（顾颉刚《五德终始说下的政治和历史》），遗患深重。

唐代刘禹锡又首倡"天人相胜"说，将天人合一（包括天人相通、天人相类）与天人相分的对立协调统一起来。刘禹锡批评天人合一与天人相分两种模式均"非所以尽天人之际"，各有其片面性，因而提出："天之能，人固不能也；人之能，天亦有所不能也。故余曰：天与人交相胜耳。"（《天论》上）他认为，天道与人道，各有不同的规律、功能，"天之道在生植，其用在强弱；人之道在法制，其用在是非"，二者的根本区别在于，"天之所能者，生万物也；人之所能者，治万物也"（《天论》上）。尤其难能可贵的是，刘禹锡没有停止在各打五十大板式的泛论天人交相胜的折中水平上，而是以人有意识、天无意识的本质区别为根据，强调"天非务胜乎人"，而"人诚务胜乎天"（《天论》中），既保留了"顺天""知天""制天命而用之"的认识论精华,又抨击了"天人感应"的神学目的论,在中古思想史上,留下了十分精彩的一笔。

从思想史的进程考察,天人相通、天人相类、天人相分、天人相胜诸种模式均有传承。如汉代王充发展荀子的天人相分说,申言"夫人不能以行感天,天亦不随行而应人"(《论衡·明雩》),以批驳从《春秋繁露》到《白虎通义》的儒学谶纬化倾向;唐代柳宗元也提出"非天预乎人也","生植与灾荒,皆天也;法制与悖乱,皆人也,二之而已"(《答刘禹锡天论书》)。董仲舒的天人相类说及其派生出的天人感应论,则被东汉的谶纬神学家们推演到荒谬绝伦的地步,以至于使孔子之母在梦中与黑帝交而孕之类的鬼话横行。至于以天人相类为基础的"君权神授"说,更是历朝君主的护身法宝,须臾离开不得。刘禹锡的天人相胜说,也被明代王廷相等人发扬光大。王廷相指出,尧、汤虽然圣明,但对于水、旱等天灾的发生,也莫奈之何,"天定胜人者,此也";但是,尧率民治水,"虽九年之波而民罔鱼鳖",汤赈灾救荒,"虽七年之亢而野无饿殍","人定亦能胜天者,此也"(《慎言·五行篇》)。

相比较而言,孟子的天人相通模式,经过宋代理学家的鼓吹,影响更为广泛、深远。孟子的地位,在宋明时代有一个飞跃式的上升,这与理学家们的极力推崇是分不开的。程颐称:"孟轲死,圣人之学不传。道不行,百世无善治;学不传,千载无真儒。"(《宋史·程颢传》)宋儒传孔、孟之"圣学",天人相通论是其中极其重要的内容。张载在著名的《西铭》中提出"民吾同胞,物吾与也",以天地为人之父母,人类和万物都是天地的子女,应该以民众为兄弟,万物为朋友。长篇大论,"道理只是一个道理,中间句句段段只说事亲事天"(《张子全书》引朱熹语)。程颐说:"天有是理,圣人循而行之,所谓道也。"(《二程遗书》)"天地人只一道也,才通其一,则余皆通。"(《二程遗书》)程颐甚至以为"天人本无二,不必言合"(《二程遗书》)。理学的集大成者朱熹,更以大白话道出天与人的相通关系:"人盖未始离乎天,而天亦未始离乎人也。"(《晦庵集》)宋代理学家讲天人相通,通的核心在于认定"宇宙本根乃道德之最高准则;人之道德即是宇宙本根之发现","在人为性,在物为理,在事为义"(张岱年《中国哲学大纲》),通而为一。

宋代以后,理学取得了儒学的正宗地位。孟子的天人相通说也随之大行于世。明代王阳明在心与理,知与行等诸多关系问题上与朱熹等人尖锐对立,但在天人相通这一点上,却基本一致。他说:"人者,天地万物之心也。心者,天地万物之主也。心即天,言心则天地万物皆举之矣。"(《答季明德》)"盖天地万物与人原是一体,其发窍之最精处,

是人心一点灵明。……只为同此一气，故能相通耳。"(《传习录》)

孟子天人相通说影响深远的另一表征是，即使是对宋代理学、明代心学均持否定态度，且对孟子本人亦多有批评的思想家，如王夫之，在阐述自己对天人关系的看法时，也或多或少地从中继承了某些思想因子。王夫之说："在天有阴阳，在人有仁义；在天有五辰，在人有五官。形异质离，不可强而气合焉。……天与人异形离质，而所继者惟道也。"(《尚书引义》)这就在赞同天人合一的大前提下，摒弃了董仲舒的天人相类论，而接近于孟子的天人相通论。他认为，"人欲之大公，即天理之至正"(《四书训义》)，提出将"以天治人"与"以人造天"结合起来。他将唐人李泌的"君相可以造命"推衍到"一介之士，莫不有造焉"，不仅为君为相者可以把握、造就自身的命运，而且凡夫俗子也可以做到这一点。王夫之认为，只要顺从天理——"俟命"，遵循天道——"受命"，便可以掌握自己的命运——"造命"，这便是所谓"循理以畏天，则命在己矣"(《读通鉴论》)。显而易见，王夫之的这一大段论述，与孟子的顺天、畏天、知天，从思想到语言，都是相当契合的。

论析至此，我们可以借用恩格斯对近代科学三大发现——细胞、能量转化、生物进化——以前的自然哲学所做的论断，来对孟子的"天"论作如下总体评价：

用理想的、幻想的联系来代替尚未知道的现实的联系，用臆想来补充缺少的事实，用纯粹的想象来填补现实的空白。它在这样做的时候提出了一些天才的思想，预测到一些后来的发现，但是也说出了十分荒唐的见解，这在当时是不可能不这样的。(《马克思恩格斯选集》)

七 "五百年必有王者兴"与古代圣贤史观

春秋战国之时,中国社会处于制度转型的关键阶段。历史的大变革,刺激、诱发了思想家对人类古往今来的进程及其规律做出带有预见性的总结,用以指导人们正在进行和将要进行的社会活动。诸子百家虽有不同的政治主张,但他们又不约而同地从历史中寻找自己学说的立足根据,提出许多既包含天才猜测,又夹杂明显谬误的社会历史观点。其丰富内容和深刻程度,形成中国思想史上罕有其匹的高峰。可以不夸张地说,其后两千多年中国思想家关于社会历史问题所做的种种思考,从思维角度、概念范畴直至最终结论、命题、观点、学说,无不笼罩于这座高峰的阴影之下,少有本质意义上的突破。

诸子百家的社会历史观点,各有特色。孔子"祖述尧舜,宪章文武"(《中庸》),认为三代,尤其是周,是历史的"黄金时代",是现实政治的楷模;老子鼓吹回到"小国寡民"(《老子·八十章》)的时代;商鞅划分历史为上世、中世、下世,并以"亲亲而爱私""上贤而说仁""贵贵而尊官"(《商君书·开塞》)为各世的特点;韩非继承商鞅,分历史为上古、中古、近古、当今几个阶段,肯定历史的进步,认为古不如今;荀子在历史观方面,建树尤为突出,他"明于天人之分"(《荀子·天论》),否定上天对于人类历史的决定作用,反对事事效法"先王",认为应当从当今的社会现实出发,去考察历史,制定政策。

1. 孟子历史观的核心命题:"五百年必有王者兴"

在社会历史观方面,孟子有不少重要的论述,"五百年必有王者兴"(《公孙丑下》)可以说是其核心命题。首先,这表明孟子认为历史是有阶段性的,这种阶段性,以五百年为一个治乱周期,循环发展,以至无穷。其次,五百年一出的"王者",是决定历史面貌的关键人物,是高明的圣贤。只有他们,才有能力平治天下,拨乱反正,而广大民众,不过是他们治理的对象,无力决定历史的进程与趋向。最后,孟子心目中"王者"的楷模,是尧、舜、商汤、文王这样的"先王",所以他"言必称尧舜"(《滕文公上》),颂古非今,希望君主们以他们为道德榜样,推行仁政,促进社会的进步和历史的发展。

孟子围绕"五百年必有王者兴"(《公孙丑下》)而展开的社会历史观,对后世产生了深远的影响。从邹衍的"五德转移"说,到董仲舒的"三统"论,直至邵雍的"元会运世"历史循环论,都明显地承袭了孟子思想的因子。至于"天将降大任于是人也"(《告子下》),"平治天下,舍我其谁"(《公孙丑下》),"一正君而国定"(《离娄上》)等等言论所体现出的明白无误的"圣贤史观",更成为中国古代史家著书立说的永恒圭臬。我们说《孟子》一书具有中华文化"元典"的宝贵价值,这些无疑是确凿的根据。

2. 孟子历史观的多层面展开及历史回响

(1) "天下之生久矣,一治一乱"与历史循环论

纵观历史,孟子用十分简练的语言勾勒出其起伏跌宕的发展大势:"天下之生久矣,一治一乱。"(《滕文公下》)人类社会正是在治乱交替中延续、进化。孟子不满足于这种过于抽象的逻辑描述,进而提出每五百年为一个治乱周期的著名论点:

> 由尧舜至于汤,五百有余岁;若禹、皋陶,则见而知之;若汤,则闻而知之。由汤至于文王,五百有余岁,若伊尹、莱朱,则见而知之;若文王,则闻而知之。由文王至于孔子,五百有余岁,若太公望、散

宜生,则见而知之;若孔子,则闻而知之。(《尽心下》)

孟子根据尧舜至汤、汤至文王、文王至孔子,其间各距五百余年的史实,提出"五百年必有王者兴"(《公孙丑下》)的规律性推断。尧舜以圣贤的气度,教民人伦,天下大治。"尧舜既没,圣人之道衰,暴君代作",老百姓"无所安息","不得衣食",天下大乱。至成汤,任用贤臣伊尹,大败夏桀于鸣条,建立商朝,"以宽治民",天下重归于治。商汤以后,殷之君王耽于酒色,荒淫无度,民不聊生,至于纣王时,达于极点。周人因时而起,文王礼贤下士,国力渐强,武王伐纣,剿灭暴君,天下复治。其后,"圣王不作,诸侯放恣,处士横议","世衰道微,邪说暴行有作",于是孔子惧而作《春秋》,倡导仁义,令"乱臣贼子惧"(《滕文公下》),天下大治有望。

"五百年必有王者兴"的"五百年",是一成数,并不具有绝对的意义。孟子不过是以之作为一个大概的时间段,来充实"一治一乱"的模式,表达自己对于历史演进规律的认识。在另外的场合,他还说过:"君子之泽五世而斩,小人之泽五世而斩。"(《离娄下》)君子也好,小人也好,其流风余韵,经过五代,必会断绝。这里的"五世而斩",同样也是孟子治乱交替观的表述,只不过时间段缩短为五世(30年为一世)而已。

将生动的历史进程纳入一治一乱、数百年一轮回的固定模式，是人类古代思想史上的共同现象。在西方，古希腊哲人亚里士多德曾说过："人类的事情以及一切其他具有自然运动和生灭过程的事物的现象都是一个循环。这是因为所有这一切都是在时间里被识别的，并且都有它们的终结和开始，仿佛在周期地进行着，因为时间本身也被认为是一种循环。"（《物理学》）意大利政治思想家马基雅弗利也说："在兴衰变化规律支配下，各地区常常由治到乱，然后又由乱到治。因为人世间的事情的性质不允许各地区在一条平坦的道路上一直走下去；当它们到达极尽完美的境况时，很快就会衰落；同样，当它们已变得混乱不堪，陷于极其沮丧之中，不可能再往下降时，就又必然开始回升。"（《佛罗伦萨史》）英国当代著名历史学家汤因比评论道："关于历史进程的循环论，即便希腊和印度的最伟大的人物和思想家如亚里士多德和释迦佛，也都认为是理所当然的。他们甚至没有想到有待证明，就假定循环论是真实的。"（《我的历史观》）

与亚里士多德和马基雅弗利相比，孟子的治乱循环论有鲜明的中国特色。亚氏"甚至没有想到有待证明"，就以哲理思辨的方式来推定其真实，而孟子却直接从历史经验的事实本身来寻找证明，"我欲托之空言，不如载之行事之深切著明也"（《孟子题辞》）。就这一点而言，孟子与马基雅弗利有共同之处。但马氏用"英勇的行为创造和平"，制止混乱，来解释由乱而治的原因，鼓吹"铁腕"治国；孟子却恰恰相反，以实行"仁政"，"保民而王"作为拨乱反正的唯一途径。（关于如何实现由乱而治的转换，本章稍后将展开论述，此处从略。）

在先秦诸子中，孟子第一个明确提出治乱交替的历史演化模式，为后世思想家提供了宏观把握历史趋向的一种"范式"（"范式"是美国科学哲学家托马斯·S.库恩提出的概念，它包括规律、理论、模型、标准和方法，还包括模糊的直觉、明显的或不明显的形而上学信念。从范式中产生文化共同体发展的"特殊的连贯的传统"），影响极为深远。

稍晚于孟子的邹衍，采撷孟子之学说，吸纳道家之思想，将五百年一轮回的治乱交替论，发展为更加精致同时也更为抽象的"五德转移"说，把土、木、金、火、水五种物质存在的形式，与人类历史过程的阶段次第对应起来，以之解释社会的盛衰兴亡和王朝更替的内在规律。与孟子相比,邹衍的"五德转移"说涵盖的时、空范围更为广大,"推而远之，至天地未生，窈冥不可考而原也"（《史记·孟子荀卿列传》)，由中国"推之，及海外人之所不能睹"。它完全超越史实的依据，而以纯逻辑建构见长，既严密，又灵活，标志着中国古代"疏通知远"（《礼记·经解》）历史哲学发展的新高度。但是，这一理论本身浓烈的"天人感应"倾向，又产生了严重的消极影响，导致神秘主义历史观念的滋生。

汉代大儒董仲舒承袭孟、邹，创造出王朝更替的"三统"循环论。三统，即黑统、白统、赤统。董仲舒认为，夏、商、周三代，分别对应这三统。周朝以后的朝代，又应为黑统，照此循环下去。每一朝代开始，都必须"改正朔，易服色"（《史记·屈原贾生列传》），以顺天意。"三统"说在"天人合一"的理论基础上，发展了邹衍的"五德转移"说，而在治乱交替的历史趋向把握上，又把孟子的思想包容到更加圆满的宇宙论系统图式之中。

降及宋代，理学大兴。邵雍创"元会运世"说，将中国古代历史循环论发展到极致。邵雍将世界从生到灭的周期称为"一元"，按照一年十二月，一月三十日，一日十二时辰，一时辰三十分的数目来附会计算天地历史时间。他提出，一元十二会，一会三十运，一运十二世，一世三十年，故一元之数为 129 600 年。又说："一元在大化之间，犹一年也。"世界历史如此始而终，终而始地循环不已。

孟子"天下之生久矣，一治一乱"（《滕文公下》）的认识，不仅对于后世思想家的精英文化产生影响，而且在下层民众粗浅的历史观念中，也留下深深的烙印，"天下大势,分久必合,合久必分"之类的民谚在妇孺老幼中不胫而走,就是其明证。人们在感叹人生的变幻莫测,或者在劝慰落难者不要过于悲观之时,最爱说的一句话"三十年河东,三十年河西",其内容主旨也正与孟子的"君子之泽五世而斩,小人之泽五世而斩"(《离娄下》)颇为契合,只不过表达方式更为通俗平易罢了。

(2)"一正君而国定"的圣贤史观

孟子信奉"五百年必有王者兴"(《公孙丑下》),唯有"王者",才是历史的决定性力量。这种典型的圣贤史观,贯穿于孟子有关社会历史问题的全部论述。

将历史的创造、社会的进步完全归结为个别圣贤人物的活动,是先秦诸子共同的观点。墨子推崇"天下之贤可者"(《墨子·尚同上》),老子认为"圣人抱一为天下式"(《老子·二十二章》,长沙马王堆出土帛书《老子》作"圣人执一,以为天下牧"),韩非则申言"人主""能独断者,故可以为天下主"(《韩非子·外储说右上》)。儒家不同于墨、道、法诸家之处在于,不仅将天下归于君主一人,而且归于君主一人的道德水准。孔子多次论及"修己以安百姓"(《论语·宪问》),"其身正,不令而行"(《论语·子路》),孟子在其基础上,又作引申。他考虑社会历史问题的基本思路是:"天下之本在国,国之本在家,家之本在身。"(《离娄上》）这"身"，并非百姓万民之身，而专指君主之身。君主个体人格的修养状况如何，行"仁政"与否，是天下治乱的唯一关键。所以他又断定："君仁，莫不仁；君义，莫不义；君正，莫不正。一正君而国定矣。"（《离娄上》）

古往今来，杰出领袖人物确实对于人类文明的进步，做出了巨大的历史贡献。孟子极为称颂的尧、舜、禹等先圣的丰功伟绩，也确有传说的依据。问题不在于肯定还是否定领袖人物的历史作用，而在于将这种作用定位于何种程度，是将它夸大为社会进步的唯一决定性力量，还是将它服从于人民群众的意愿、智慧、勇敢、创造，服从于奠基于经济规律之上的历史发展的总趋势。正是在这后一点上，与先秦诸子一样，孟子陷入了唯心主义的迷误。

马克思、恩格斯批判道：

> 在唯心主义者看来，任何改造世界的运动只存在于某个上帝特选的人的头脑中，世界的命运取决于这个把全部智慧作为自己的私有财产而占有的头脑在宣布自己的启示之前，是否受到了某块现实主义的石头的致命打击。（《马克思恩格斯全集》）

在孟子看来，天下的命运，人类的前途，恰恰系于"上帝特选的""圣人"一身，前引的"天下之本在国，国之本在家，家之本在身"（《离娄上》），即为明证。不仅如此，孟子进一步将领袖人物的成败,归结为他们内心先天存在的"仁""义"的"善端",是否受到"现实主义的石头的致命打击",或者萌生、充实、壮大,或者夭折。仁义之端充实于帝王之心,才有尧、舜的教民以人伦,后稷的教民以稼穑,大禹的治水八年三过家门而不入,才有三代的盛世。与此相反,仁义之心泯灭,便有夏桀的暴虐荒淫,商纣的酒池肉林,"暴君代作","民无所安息"(《滕文公下》),天下大乱。正因为君王之心不可能人人仁义,所以表现于社会状况方面,便是一治一乱,治乱交替。由此可见,孟子"五百年必有王者兴"的历史循环论,归根到底,是由他的唯心主义圣贤史观所决定的。

除了推崇杰出的领袖人物,孟子还特别强调"士"阶层在社会历史发展中的重要作用。孟子本人即为"士"中一分子。他在断言"五百年必有王者兴"之后,紧接着便充满自信地宣称:"如欲平治天下,当今之世,舍我其谁也?"(《公孙丑下》)这里的"我",不应认作孟子个人之"小我",而是"士"阶层这一"大我"。孟子认为,士以特殊的社会身份与地位参与国家的政治决策和行政管理,是天经地义之事,"士之仕也,犹农夫之耕也","士之失位也,犹诸侯之失国家也"(《滕文公下》)。尤其令人瞩目的是,孟子提出,知书达理的士的重要历史功绩之一,是他们"能格君心之非",用自己的知识、智慧,去纠正君主的错误思想,督促、劝诫、鼓励、帮助君主走上仁义之道,从而"一正君而国定"(《离娄上》)。从这一层意义上讲,在孟子心目中,士的历史作用简直要凌驾于君主之上了。

为了论证士阶层参与国家政治活动,影响社会历史趋向的必然性、必要性,孟子还提出了"劳心者治人,劳力者治于人"(《滕文公上》)的著名理论。从肯定社会分工的进步性、合理性方面看,这一理论自有其珍贵的价值。但我们也应该指出,这一理论的另一面,恰恰充满着"上智"治国安邦,"下愚"不容置喙,只可服服帖帖听从摆布的精英偏见。孟子还有一句脍炙人口的名言:"天将降大任于是人也。"(《告子下》)但这里的受"天降大任",决定历史命运、社会前途的"是人",仅仅是那些"劳心者",而千千万万的"劳力者",是没有资格厕身其列的。这从孟子的言论中即可得到证明。孟子要求,为了能承担起"天降大任","是人"必须"苦其心志,劳其筋骨,饿其体肤,空乏其身"(《告子下》),而这一切,对于"劳力者"来说,正是每日的功课,算不得什么稀奇,唯对于那些养尊处优,不事稼穑百工的"劳心者"来讲,才是特殊的要求,必须自觉吃苦,方能身体力行。由此可见,孟子将占人口大多数的"劳力者",排斥于"天将降大任于是人也"(《告子下》)的对象之外,是确凿无疑的。

对于人民群众,孟子毫不掩饰自己的轻视态度。他固然说过不少"民贵君轻"之类的话，但这并不意味着他肯定人民群众的历史创造者作用，也不意味着他承认人民群众是真正的英雄。他围绕"仁政"学说而提出的一系列有关关心民众疾苦，注意顺应民心的主张，其本质意义都在于为圣君贤相们建立一个稳固的统治基础服务，在于为英雄们创造历史扫清障碍。在孟子的心目中，"劳力者"永远是愚昧的"后知""后觉"，是没有独立意志，随风摇摆的小草，"君子之德，风也；小人之德，草也"（《滕文公上》）。甚至与禽兽没有多少区别，"人之所以异于禽兽者几希，庶民去之，君子存之"（《离娄下》）。孔子"唯上知与下愚不移"（《论语·阳货》）的观念，在孟子头脑里，同样是根深蒂固的。

列宁曾指出唯心史观的两大特点：一是仅仅考察了人们历史活动的思想动机，"而没有考察产生这些动机的原因"；二是"恰恰没有说明人民群众的活动"（《列宁全集》）。孟子的"君仁，莫不仁；君义，莫不义；君正，莫不正"（《离娄上》）、"劳心者治人，劳力者治于人"（《滕文公上》），正好堪称这两点的典型注脚。而推崇王者、"劳心者"，鼓吹"仁义""不忍人之心"，贬抑"劳力者"，孟子历史观的这些基本思想，也成为中国古代史家不言而喻的立论准则。20世纪初，梁启超作《新史学》，对过去的史家、史学作一总体性批判，一针见血地指出："二十四史非史也，二十四姓之家谱而已。其言似稍过当,然按之作史者之精神,其实际固不诬也。""中国之史,则本纪、列传,一篇一篇,如海岸之石,乱堆错落。质而言之,则合无数之墓志铭而成者耳。"(《中国之旧史》)将波澜壮阔的中国历史,删改成帝王将相的家族谱、墓志铭,"地球上空前绝后之一大相斫书"(《中国之旧史》),杰出者如司马迁、司马光,也未能脱其藩篱。对此追根溯源,传统社会的社会生产力状况从根本上限制了人们认识世界、认识人类自身的能力,固然是其根本原因,但孟子所鼓吹的"一正君而国定"(《离娄上》、"劳心者治人"(《滕文公上》)之类的观点对于"作史者之精神"的熏染,也不能不视为理论偏见与认识错觉方面的重要源头。

(3)"略法先王""言必称尧舜"的"托古改制"实质

"法先王",还是"法后王",是先秦诸子历史观的一大分水岭。"法先王",即要求效法或遵循古代圣明君王的言行或制度,其典型如孔子的"吾从周"(《论语·八佾》),"祖述尧舜,宪章文武"(《中庸》)。"法后王",即要求效法或遵循当代圣明君主的言行或制度,其典型如荀子的"百家之说,不及后王,则不听也"(《荀子·儒效》),韩非的"不期修古,不法常可,论世之事,因为之备"(《韩非子·

五蠹》)。

孟子从不掩饰自己"行先王之道","遵先王之法"(《离娄上》)的立场,"言必称尧舜"(《滕文公上》),"在我者,皆古之制也"(《尽心下》)。他甚至担保,"诸侯有行文王之政者","大国五年,小国七年,必为政于天下矣"(《离娄上》)。从孟子自己的言论看,《荀子·非十二子》将他列入"略法先王"一类,是不错的。

但是,应该指出,孟子的"言必称尧舜"(《滕文公上》),与孔子的"祖述尧舜,宪章文武"(《中庸》),在"法先王"的具体内容上,却存在着很大区别。简言之,孔子是站在复古的立场上,企图拉历史车轮向后,恢复没落的周代宗法制度;而孟子却是站在革新的立场上,为地主阶级描摹新时代的蓝图。他对尧舜时代的理想化描述,其实是他头脑中未来社会在历史屏幕上的投影。有论者认为,"孔子仅向往尧、舜的人格,而孟子则虚拟尧、舜的制度"(侯外庐、赵纪彬、杜国庠《中国思想通史》),"虚拟"一词,切中要害。

与孔子一样,孟子对尧舜的人格,怀着"高山仰止,景行行止"的崇敬之情,而且对于尧舜人格感召之下的上古君子的道德水准,也欣羡不已。他反复阐述过"古之君子,过则改之;今之君子,过则顺之"(《公孙丑下》),"古之人修其天爵,而人爵从之。今之人修其天爵,以要人爵"(《告子上》)等等"今不如昔""颂古非今"的观点。但他却从来没有像老子那样,直接鼓吹回到原始、封闭的"小国寡民"(《老子·八十章》)的时代。孟子对尧舜时代的崇奉,仅仅限于君主个人的道德情操和治国方术的范围,而对于上古时代的物质生产力发展水平,民众的生活状况,社会的繁荣程度,则并不仰慕。很显然,孟子心目中的"谷与鱼鳖不可胜食,材木不可胜用",老百姓"五十者可以衣帛矣","七十者可以食肉矣"(《梁惠王上》)的理想社会,不在过去,而在未来。

孟子对于现实是不满的,"由今之道,无变今之俗,虽与之天下,不能一朝居也"(《告子下》)。"今之道""今之俗"非变不可。变成什么模样?他"言必称尧舜"(《滕文公上》),希望现世的君主都能遵循尧舜的仁义之道,仿效他们的"仁政"。为此,他在推崇尧舜高尚人格的同时,又"虚拟"出尧舜之时的种种制度,如说圣人担忧,"逸居而无教,则近于禽兽"(《滕文公上》),于是"使契为司徒,教以人伦:父子有亲,君臣有义,夫妇有别,长幼有序,朋友有信"(《滕文公上》),等等。至于如何真正使百姓安居乐业,"乐岁终身饱,凶年免于死亡"(《梁惠王上》),孟子更积极地主张自己的"恒产"论,分工论,发展农、商论,而绝不主张回到尧舜时代"洪水横流","五谷不登,禽兽逼人,兽蹄鸟迹之道交于中国"(《滕文公上》)的落后状态。就此而论，孟子的历史观，又是前进的，而非倒退的。正因为如此，我们才说："孟子虽然'言必称尧舜'，公开宣扬回到尧舜、三代去，但他并非奴隶主阶级的代言人，而是新兴地主阶级的思想家。"（冯契《中国古代哲学的逻辑发展》）

托古以改制，是中国政治家、思想家们宣扬自己的政治主张时惯用的手法。在这一方面，孟子为后世儒者提供了一个绝好的榜样。从董仲舒的"更化"论，直到近代康有为请出孔子的亡灵来演出维新变法的历史新场面，其用心、手法，都与孟子的"言必称尧舜"（《滕文公上》）如出一辙。托古改制，"言必称尧舜"（《滕文公上》），当然算不上什么高妙的政治法则和思想法则，在实践中也少有真正成功的先例。但是，这种做法本身包含的向先辈学习、向历史经验学习、向文化传统的精华学习的认识因素，却是值得我们借鉴的，至于其实用主义的倾向，歪曲乃至臆造历史的错误做法，则应该予以摒弃。

八 "浩然之气"与士阶层人格修养

春秋战国时期的社会动荡与分化,孕育出了独立的"士"阶层。"士"原本是一个内涵和外延都很广泛的概念,在中国古代典籍中经常被用来称呼具有某种特定身份的人。有时它单指未婚青年男子,有时特指武士,有时泛指卿大夫的属臣,有时还专指典狱之官。孔子以后,"士"主要被用作知识分子阶层的称谓:"彼学者:行之,曰士也。"(《荀子·儒效》)

士本属统治阶级的营垒,位于贵族的最底层,依附于卿大夫。春秋时代的社会动乱瓦解了宗族"礼法",政出家门,国人暴动,这一切猛烈冲击了士的安宁生活,并进而改变了他们的社会地位。士失去了生活保障,除了礼、乐、射、御(驭)、书、数"六艺"知识,已一无所有。另一方面,在丢掉铁饭碗的同时,士也摆脱了宗法制度的枷锁,获得了较大的人身自由,他们成为独立的知识分子群体的基本成员。动乱时世也改变了大批王公贵族子弟的命运,他们丧失了往日的尊贵荣华,不得不与士为伍,依靠自己的心智和口舌谋生立命。这批人也构成士阶层的重要部分。此外,庶人中的佼佼者,也是士阶层的来源之一。社会剧变松动了宗法制的僵硬地表,也就为庶人中知识人才的破土而出创造了条件。从政治上看,那些具有宏图大略,谋取霸权的国君千方百计招揽人才,士正是他们争夺的首要对象。"朝为布衣,夕为卿相"的戏剧性身份变化,出入车马、锦衣玉食的优厚待遇,尤其是出将入相,位极人臣的显赫地位,更大大刺激了士阶层的膨胀。

士作为一个拥有独立的社会政治地位,掌握专门文化知识,不耕而食,不富而贵的专职脑力劳动者阶层,其自身的人格修养问题,受到诸子各家的重视。儒家崇尚知仁行义的谦谦"君子";墨家推崇分人以财、助人以力的"兼士";法家以循名责实、公正果断的"铁腕"实行家为楷模;道家则以超越红尘,追求精神自由为终极目标。相比较而言,儒家因其重人伦道德,重实用、理性的学派特点,在士阶层的人格修养问题上,投入了更多的关注。

孔子多次论及"士"人格修养的具体要求。例如,"士志于道"(《论语·里仁》),士应立志于追求真理。"士不可以不弘毅,任重而道远。仁以为己任,不亦重乎?死而后已,不亦远乎?"(《论语·泰伯》)士肩负着推行仁义的重要社会责任,因而不可不具备刚强而有毅力的品格。子贡问:"怎样才可以称作'士'?"孔子答:"保持廉耻之心,出使四方,很好地完成君主的使命,这就可以称作'士'。"(《论语·子路》)子路也问同样的问题,孔子又说:"互相批评,和睦相处,这就可以称作'士'。"(《论语·子路》)孔子还指出贪图安逸者便不配为士:"士而怀居,不足以为士矣。"(《论语·宪问》)

孔子的学生们继承了老师的思想。子张认为,"士见危致命,见得思义,祭思敬,丧思哀,其可已矣"(《论语·子张》)。能做到不避艰险,不贪苟利,举止合于礼仪,就可以了。子夏提出,士应该做到:远望其形则严肃端庄,接近其人则温和可亲,倾听其言则义正词严(《论语·子张》)。

与孔子师生多提具体行为举止要求相比,孟子关于士阶层人格修养的思考,更加具有理性思辨色彩。他以"我善养吾浩然之气"为中心论题,从自然之气与人心之气的交融,气与仁义的契合,养气与人格修养的对应关系以及士阶层人格修养的意义、途径、要求等诸多层面,展开深入分析,宗旨宏远,论说精详,尤具道德感召的巨大震慑力量。其中不少名言警语,如"天将降大任于是人也,必先苦其心志,劳其筋骨,饿其体肤,空乏其身,行拂乱其所为，所以动心忍性，曾益其所不能"(《告子下》)，"富贵不能淫，贫贱不能移，威武不能屈"(《滕文公下》)，等等，更成为两千年来中国士人奉行不渝的座右铭，直至今日，仍不失其积极的人生启迪功用。

1."浩然之气"的提出

"浩然之气"的提出，见《孟子·公孙丑上》。

公孙丑问："请问老师长于哪些方面？"

孟子答："我善于分析别人的言辞，也善于培养我的浩然之气。"

又问："敢问何谓浩然之气？"

孟子答：

> 难言也。其为气也，至大至刚，以直养而无害，则塞于天地之间。其为气也，配义与道；无是，馁也。是集义所生者，非义袭而取之也。行有不慊于心，则馁矣。

这一段话不长，但内涵十分丰富。

首先，这"浩然之气"最伟大、最刚强，以正直去培养而不伤害它，它就会充盈于天地之间，无所不在。

其次，"浩然之气"必须与义和道相配合，亦即自然之气贯注于人心，与人格修养（义、道）相联系，才会有力量。

再次,"浩然之气"是由正义的长期积累所产生,而不是凭偶然的正义冲动所能养成。

最后,"浩然之气"养成很难,但丧失却很容易。只要干出一件于心有愧的事,它马上就会流泻而去。

孟子对贯注于人心的"浩然之气"予以高度的赞誉:"充实之谓美,充实而有光辉之谓大,大而化之之谓圣,圣而不可知之之谓神。"(《尽心下》)个体人格,因为有这种"气"的鼓舞,才得以充实、光辉、博大、神圣。

孟子所论"浩然之气",并非对社会全体成员的普遍要求,而是专对士阶层的人格修养提出的特殊规范。在他看来,"凡民""劳力者"是不足以与之言"浩然之气"的。而他本人所属的"士"阶层,既无"愚民"的蒙昧、浅陋,又无君王的骄奢、横霸,充满智慧,人格独立,温文尔雅形于表,仁义礼智根于里,正是"浩然之气"最合适的聚会之区。他认为,此乃"分定故也",是由"士"阶层本身的社会角色特质所决定的。"君子所性,仁义礼智根于心,其生色也睟然,见于面,盎于背,施于四体,四体不言而喻。"(《尽心上》)充盈于"士"内心的"浩然之气",在他们的容貌、形体、行为举止上自然地显露出来,不言而喻地体现出超凡脱俗的气质、伟大的人格力量。

士阶层的"浩然之气",从根本上讲,源于他们砥砺前行的自觉意识和艰苦努力。齐王子垫问孟子："士何事？"士是干什么的？孟子回答："尚志。"士使自己的志行高尚。又问："何谓尚志？"怎样才叫志行高尚？答："仁义而已矣。"实行仁义，便可称作志行高尚（《尽心上》）。所以，孟子在回答公孙丑关于"志"与"气"的关系问题时，这样论道：

> 夫志，气之帅也；气，体之充也。夫志至焉，气次焉，故曰："持其志，无暴其气。"（《公孙丑上》）

高尚的志向，是浩然之气的主帅；气，使身体充满力量。"志"是根本的，"气"是次要的。所以才说：坚持自己的志向，不要意气用事。

具体到各人，因为其志向有差异，其"浩然之气"的表现形态也并非千篇一律，而是异彩纷呈。孟子以他非常景仰的前辈圣贤为例，来说明这一道理：

伯夷，眼不观污浊之色，耳不听嘈杂之音。不是英明的君主，不去辅佐；不是善良的百姓，不去使唤。政治清明，就积极进取，力争有所作为；天下大乱，就隐退田园。他不忍心居于暴政之国，暴民之所。他认为和没有教养的乡下人相处，就像穿戴着上朝的礼服礼帽坐在泥涂或炭灰上一样。当商纣王统治之时，他远居北海之滨，等待天下清平。因此，受他的德行感染，贪婪之徒变得廉洁，懦弱之人变得坚强。

伊尹却与伯夷不同。他说:"哪个国君不可侍奉?哪个百姓,不可支使?"不管天下太平还是动荡不安,都应该出来做官。他还说:"上天生育这些老百姓,就是让我们这些先知先觉者用尧舜之道来开导他们,教化他们。"他以高度的社会责任感要求自己,哪怕还有一男一女没有感受到尧舜之道的恩泽,自己都负有不可推卸的罪责,就好比是自己将他们推下苦难的深渊。

柳下惠,不以侍奉昏君为羞,也不因官职太小而推辞不干。供职于朝,从不隐藏自己的才能,一定按自己的原则为人处世。遭到遗弃不怨恨,身陷贫困不忧愁。与鄙俗之人相处,也安之若素,认为你是你,我是我,即使你在我身旁赤身露体,也不会影响我。所以,受他的品格熏陶,心胸狭窄的人变得开朗,尖酸刻薄的人也变得宽厚。

孔子,在离开齐国的时候,迫不及待;而离开鲁国的时候,却盘桓再三,依依不舍,还说:"慢慢地走吧,这是离别我的父母之邦啊!"该快则快,该慢则慢,该隐退就隐退,该做官就做官,这就是孔子的人生态度。

在分述四人的情况后,孟子总结道:"伯夷,圣之清者也;伊尹,圣之任者也;柳下惠,圣之和者也;孔子,圣之时者也。孔子之谓集大成。"(《万章下》)清(清高)、任(负责)、和(随和)、时(识时务),同为在高尚志向统率之下的根于心、形于体的"浩然之气"的不同表现，其中尤以孔子的因时而动为集大成者。

"浩然之气"的培养，既非一日之功，亦非人人可成。其标准是高的，要求是严的。公孙丑因此对孟子发问："您提出的这一人格修养标准，几乎像登天一样，高不可攀，为什么不使它变得更平易一些，让别人每天去努力呢？"（《尽心上》）孟子很严肃地回答道：高明的工匠不因笨拙的徒弟而改变或取消必要的规矩，羿也不因射手技艺的低劣而修改拉弓的标准。士对于自身人格修养问题，应该坚持"浩然之气"的高标准，绝不可降格以求，自污其德。

2."浩然之气"的多层面意蕴

作为士阶层人格修养的完善体现，"浩然之气"具有多层面的丰富意蕴。要而言之，有如下数端。

（1）卓尔不群的独立人格

士阶层从他崛起之时开始，就显示出有别于其他社会阶层的、"清高"的独立人格。士一般都对于自己拥有专门文化知识，从事脑力劳动，不依附于任何势力、权贵的身份特征，引以为豪，"万般皆下品，唯有读书高"的意识十分强烈。一方面，他们将自己归于"劳心者治人"的行列，与"劳力"的"群氓""下愚"划清界限，"羞利而不与民争业"（《荀子·大略》）；另一方面，他们虽自居"治人者"行列,却又不同于权欲熏心、唯官是争的纯粹官僚,讲究"君子不党",在"世混浊而不清"的宦海沉浮中,"宁廉洁正直以自清乎"(《楚辞·卜居》)。屈原"世混浊而莫余知兮,吾方高驰而不顾"(《楚辞·涉江》)的自白,正是其独立人格的率真表露。

孟子所论"浩然之气",将卓尔不群的独立人格作为士德行修养的首务。他说:"古之贤王好善而忘势,古之贤士何独不然?"(《尽心上》)古代开明的君主乐于行善,因而忘记自己拥有富贵权势。古代贤达的士人又何尝不是如此呢?他们乐于走自己的道路,因而不眼红,也不畏惧别人的富贵权势。所以王公贵族虽然富甲天下,权倾一时,但他若不对士的独立人格表示出尊重,"致敬尽礼",那么就不可能多次与士相见。相见尚且不易,更何况要士做自己的臣属呢?

孟子认为,君主、权贵应该尊重士,而士本身,更应该尊重自己的独立人格,"富贵不能淫,贫贱不能移,威武不能屈,此之谓大丈夫"(《滕文公下》)。向君主进言,对诸侯建策,都应表现出不卑不亢的气度,"藐之,勿视其巍巍然"(《尽心下》),轻视王侯,不把他们高高在上的地位放在眼里。你"堂高数仞,榱题数尺","食前方丈,侍妾数百人","驱骋田猎,后车千乘",自以为了不起,但这一切对我毫无吸引力。"我得志,弗为也。在彼者,皆我所不为也；在我者，皆古之制也，吾何畏彼哉？"(《尽心下》) 你有你的财富，我有我的仁；你有你的爵位，我有我的义。我并不觉得比你少什么，我为什么要自觉低人一等，畏畏葸葸呢？(《公孙丑下》)

士阶层独立人格的另一表现，是绝不迎合世俗陋习。孟子严厉批评"阉然媚于世也者，是乡原也"(《尽心下》)。万章问道："全乡的人都称赞他是好人，他自己也处处以好人自居，为什么孔子却把这种人看作败坏道德的人呢？"孟子告诉他：这种人，确实也指不出什么明显的大错，但他"同乎流俗，合乎污世"，迎合陋习，似乎忠诚廉洁，四处讨好，自以为是，其实与尧舜之道完全背离，所以孔子称之为"德之贼"(《论语·阳货》)。这种丧失人格，随波逐流的行为，是绝不可取的。

士保持自己的独立人格，不受富贵的利诱，贫困的阻遏，暴力的压服，也不受世俗陋习的污染，因而可以自行其道，自得其乐，孟子将这种精神境界表述为"穷不失义，达不离道"：

> 穷不失义，故士得己焉；达不离道，故民不失望焉。古之人，得志，泽加于民；不得志，修身见于世。穷则独善其身，达则兼善天下。(《尽心上》)

有独立的人格做主心骨，不论通达、困厄、得志与否，都有立身行事的准则。得志之日，推行仁义，恩泽于民，不辜负老百姓的厚望；不得志之时，归隐田园山野，恪守情操节守，也不枉负一生。

孟子预见到，士保持自己"穷不失义，达不离道"的独立人格，将会被世人所不理解，甚至遭到反对。"君子之所为，众人固不识也"（《告子下》)，但这并不足以干扰士的意志，动摇士的决心。因此，当貉稽向他抱怨自己遭人非议时，孟子鼓励道：没关系，士就是讨厌七嘴八舌地胡乱议论。孔子和周文王不也被人怨恨吗？但这并不影响他们崇高的人格和声誉。(《尽心下》)士独立人格之可贵，就在于横遭物议之时，能够我行我素，独行特立。

（2）以天下为己任的博大胸怀

从社会经济地位上看，士不属于任何一个特定的阶级或者利益集团。"无恒产而有恒心者，惟士为能。若民，则无恒产，因无恒心"（《梁惠王上》）。孟子的这一番话，道出士阶层的又一人格特征。士与一般社会成员的主要区别，就在于他们往往能超越个人经济地位和阶级背景的狭隘限定，从社会进步、国家兴旺、民众富足的宏观规模和长远目标上思考问题，以博大的胸怀，将整个社会的政治、经济、文化秩序作为自己关心的对象和一试身手的场所。"浩然之气"的"浩然"二字，原本即有博大的意蕴。士阶层的博大胸怀,正是"浩然正气"的本质表现。

关于士阶层的博大胸怀,孟子有诸多名言传世,其中不少就是他本人的内心独白。孟子离开齐国,在路途中,充虞问道:"您似乎有些不高兴。而我前不久还听您说过,'君子不怨天,不尤人'。那您为什么今天又郁郁寡欢呢?"孟子回答:"彼一时,此一时也。从历史上看,每过五百年一定会有一位圣君兴起,而且还会有杰出之士来辅佐他。从周武王以后,到现在已经有七百多年。算年头,早已超过五百年;论时势,也正需要圣贤大有作为。"(《公孙丑下》)接下来,孟子说出一句震古烁今的豪言壮语:

> 夫天未欲平治天下也;如欲平治天下,当今之世,舍我其谁也?(《公孙丑下》)

看来上苍还不想使天下太平;如果想使天下太平,在今天的时势下,除了我,还有谁能承担如此伟大的使命呢?孟子对充虞说:既然如此,我为什么不快乐呢?

平治天下,"舍我其谁"?如此抱负,是以士阶层独具的丰厚知识储备为基础的。就此而论,孟子一方面怀有"万物皆备于我"(《尽心上》)的充分自信,另一方面,又强调高屋建瓴的气势和立志于道的坚定信念。他说:

> 孔子登东山而小鲁,登泰山而小天下。故观于海者难为水,游于圣人之门者难为言。观水有术,必观

其澜。日月有明，容光必照焉。流水之为物也，不盈科不行；君子之志于道也，不成章不达。(《尽心上》)

孔子登上高高的蒙山，俯瞰鲁国的山河，觉得规模太小，他登上更高的泰山，心胸愈益开阔，天下也不过尔尔！日月高悬，光亮无隙不入，流水浩荡，充盈沟坎，奔腾向前，士立志于道，就应仿效日月经天，江河行地，推行仁义，平治天下。汉儒赵岐在上引孟子之语后评价道："闳大明者无不照，包圣道者成其仁，是故贤者志大，宜为君子。"(《孟子正义》)。"贤者志大"，真可谓一语破的。

（3）"使先知觉后知，使先觉觉后觉"的社会责任感

在孟子眼里，占人口绝大多数的老百姓，都是浑浑噩噩的，"行之而不著焉，习矣而不察焉，终身由之而不知其道者，众也"(《尽心上》)，一辈子都活得糊里糊涂。对此，孟子认为，应该由士来对他们进行伦理道德规范和基础文化知识的"教化"。培养这种义不容辞的社会责任感，也是士人格修养的重要方面。孟子论道：

> 天之生此民也，使先知觉后知，使先觉觉后觉也。予，天民之先觉者也；予将以斯道觉斯民也。非予觉之，而谁也？(《万章上》)

上天生育人民，就是要让他们中的先知者去启发后知

者,先觉者去教育后觉者。而我,正是人民中的先知先觉者。我将履行我的职责,以尧舜之道去教育启发后知后觉的芸芸众生。我不这样做,还有谁能去这样做呢?

"使先知觉后知,使先觉觉后觉",不是社会对于士阶层的外在要求,而是上天赋予士的神圣使命,是士自觉承担的社会责任。孟子以伊尹为范例,来说明这种自觉的深刻程度:伊尹认为,天下若还有一夫一妇未能感受到尧舜之道的恩泽,就好比是自己将他们推入了苦难的深渊,必须承担不可推卸的罪责。严重如此,其使命感之强烈,可见一斑。

"使先知觉后知,使先觉觉后觉",也对士阶层本身提出了很高的要求。孟子说,"贤者以其昭昭使人昭昭","今以其昏昏使人昭昭"(《尽心下》)。只有自己确实达到了先知先觉的水平,对仁、义、礼、智之道了如指掌,才有可能去启发、教育别人。他批评有的人,自己还没有真正懂得仁义的精髓,处于昏昏然状态,却企图去启发民众,这只能是南辕北辙。

先知先觉去教化后知后觉,知识水平是一方面,更重要的还在于先知者自身的品格修养,应该成为后知后觉者的楷模。"君子之德,风也;小人之德,草也。草尚之风,必偃。"(《滕文公上》)士的品德好像风,民众的品德好像随风而倒的草。风向不正,草也随之歪歪斜斜,必然影响后知后觉者的品德走向歧路。孟子认为，士用以教化民众的"善言""善道"，都源于自身端正的品行，"君子之守，修其身而天下平"（《尽心下》）。他讽刺那些自己的品行尚未端正的"先知"们匆匆忙忙去教导别人，好比自己的田地里杂草丛生，却跑到别人田里去帮忙除草。这种"所求于人者重，而所以自任者轻"（《尽心下》）的人，是不配去担负启发、教化"后知后觉"的神圣使命的。

（4）超越物质欲望的精神追求

孔子反复申言，"君子喻于义，小人喻于利"（《论语·里仁》），"君子谋道不谋食"（《论语·卫灵公》）。将精神追求置于首位，是士区别于社会其他阶层的重要特征之一。孟子理所当然地将这一条也列为"浩然之气"的题中应有之义。

万章问孟子："有人说，伊尹装扮成厨师，去接近商汤，以便有求于他，有这回事吗？"

孟子断然否认道："不然。"伊尹一心追求的是尧舜仁义之道，"非其义也，非其道也，禄之以天下，弗顾也"（《万章上》），他绝不会去干这种为追求物欲而放弃人格精神的勾当。

孟子信奉的是，"道不同，不相为谋"（《论语·卫灵公》）。他在齐国，受到齐王优厚的礼遇，但因为自己的思想、主张不被采纳,决定离齐而去。齐王极力挽留,答应给他豪华的住宅,并提供万钟(一钟合六石四斗)粟米养活他的门徒。但孟子丝毫不为之动心,毅然离去。正是因为将纯正的政治抱负和学术追求作为自己的精神支柱,文弱士人才得以做到"富贵不能淫,贫贱不能移,威武不能屈"(《滕文公下》)。孟子是这样提倡的,同时他本人也是身体力行的模范。

在物质欲望(利)与精神追求(义)二者犹如鱼与熊掌不可得兼的情形下,孟子认为:"生亦我所欲也,义亦我所欲也,二者不可得兼,舍生而取义者也。"(《告子上》)从而将孔子"见得思义"(《论语·子张》)的主张发挥到极致。有关这一内容,本书第四章所述甚详,故此处从略。

(5)严以自律,砥砺身心的道德自觉

"浩然之气"的养成,应以士阶层严以自律的道德自觉作为动力。这是"浩然之气"或盈或泄的成败关键。关于此,孟子有如下名言:

> 天将降大任于是人也,必先苦其心志,劳其筋骨,饿其体肤,空乏其身,行拂乱其所为,所以动心忍性,曾益其所不能。人恒过,然后能改;困于心,衡于虑,而后作;征于色,发于声,而后喻。入则无法家拂士,出则无敌国外患者,国恒亡。然后知生于忧患而死于

安乐也。(《告子下》)

上天将伟大的使命赋予某人,一定要先使他经历艰苦卓绝的身心磨难,以强壮他的体魄,坚定他的意志,增长他的才干。在这一过程中,困难和错误是难免的,但吃一堑,长一智,正是通过想方设法克服困难,纠正错误,才能不断地砥砺情操,增长智慧。正如一个国家,如果内部没有执法的大臣和辅佐的谋士,外部没有敌对邻国的侵扰,往往容易衰亡一样,对于个人品行的修养,人格的锻铸,也要明白"生于忧患而死于安乐"的道理。

具体而论,孟子认为,经过磨难,砥砺节操,要养成以下优良的品行,才能令"浩然之气"充盈于身心,无往而不胜。

第一,知耻。孟子提出:"耻之于人大矣,为机变之巧者,无所用耻焉。不耻不若人,何若人有?"(《尽心上》)有无羞耻之心,对于士的人格,关系重大。那些奸邪狡诈之徒,是完全不顾羞耻的。羞耻之心,还是追求上进的精神动力。明明知道学问、道德不如别人,却丝毫不感到羞耻,自甘平庸,不思进取,这怎么能赶上别人呢?所以,孟子强调:"人不可以无耻,无耻之耻,无耻矣。"(《尽心上》)这句话历来有两种解释。有人将"无耻之耻"的"之"作动词"到"理解:人不可以没有羞耻,从没有羞耻到懂得羞耻，才能够从根本上避免羞耻。又有人将"无耻之耻"的"之"作结构助词"的"理解：人不可以没有羞耻，不知羞耻的那种羞耻，真正是无耻之尤！尽管两种说法差别颇大，但又都没有违背孟子强调"知耻"的本义。

第二，诚信。孟子很重视"诚"，他认为"诚者，天之道也；思诚者，人之道也"（《离娄上》），追求诚信，是人格修养的根本之途。"反身而诚，乐莫大焉"（《尽心上》）。反躬自问，对人对事，诚信无欺，正是人生最大的快乐。如若做不到"诚"，得不到君主以及社会民众的信任，士阶层经邦治国的宏大抱负就无以实现，这岂不是士人格的莫大悲哀？所以，孟子反诘："君子不亮，恶乎执？"（《告子下》）君子不讲诚信，哪里还谈得上什么道德情操！

第三，勇敢。"知耻近乎勇"（《中庸》），是儒家道德修养的重要命题。士要保持高洁的情操，穷则独善其身，达则兼善天下，没有一往无前，不怕牺牲的勇敢精神，是不行的。孟子推崇"志士不忘在沟壑，勇士不忘丧其元"（《滕文公下》），有志之士坚守节操，纵然是死无葬身之地，暴尸荒野也不害怕；勇敢之士为了实现自己的目标，丢掉脑袋也无所畏惧。同时，孟子又强调，"勇"有大、小之分。为了一己私利争强好胜，只是小勇；只有排除万难行仁义于天下，才是大勇。所以，他劝齐宣王："王请无好小勇。"只知道剑拔弩张，吹胡子瞪眼，不过是"匹夫之勇"，"王请大之"。请您将小勇扩大,"一怒而安天下之民"(《梁惠王下》),这才是真正的勇敢。

第四,坚韧。世间诸事,一蹴而就者绝少。唯其坚韧不拔,持之以恒,才能有所作为,有所成就。孟子因此将"坚韧"也列为士人格修养的目标之一。他比喻道:"有为者辟若掘井,掘井九轫而不及泉,犹为弃井也。"(《尽心上》)做事情好比挖井,挖到九轫(一轫合七尺或八尺)那么深,还未出水,仍然只是一口废井。是半途而废,还是继续挖下去,正是考验一个人是否具备坚韧品格的关键。如果放弃努力,必将前功尽弃,唯有继续挖掘,方可大功告成。

第五,执中。执中,就是不偏不倚,无过无不及,行中庸之道。中庸,是儒家,尤其是思孟学派的核心思想之一。孔子称:"中庸之为德也,其至矣乎!"(《论语·雍也》)认为"中庸"是最高的美德。孟子继承了这一思想,并有所发展。他援引孔子的说法,分士为狂士、狷士和中行之士三类。狂者敢作敢为,但有失急躁;狷者洁身自好,但过于拘谨;唯有中行之士,举止合度,进退适宜,最为难能可贵。孟子不仅讲求执中,而且要求在执中时注意灵活把握中庸之"度",懂得变通的道理,这就叫作"权"。通权达变,是"执中"的要诀。孟子批评"执中无权,犹执一也"(《尽心上》),执行中庸之道而不知变通,就会拘泥于一端;拘泥于一端,必然顾此而失彼,"举一而废百也"。

孟子关于"执中"的论述，对其后儒家思想的发展，影响至大。汉儒据此而发挥，编定《礼记·中庸》，不仅将中庸作为伦理道德的最高境界，而且把它作为日常行为准则的哲理抽象。他们阐发了中庸的三层相互关联的含义：执两用中；用中为常道；中和可常行。执中的人格体现于日常起居之间，"致广大而尽精微，极高明而道中庸"（《中庸》）。宋代朱熹，又将《中庸》从《礼记》中独立出来，与《大学》《论语》《孟子》并称"四书"。自此士人攻读学业，以此为基准。追求不偏不倚、无过无不及的人格境界，更成为士阶层的共识。

3."是气所磅礴，凛烈万古存"

孟子对"浩然之气"的阐释与倡导，是先秦诸子对于士阶层人格修养问题诸多精彩论述的总结与升华。除前引孔子的"士不可以不弘毅，任重而道远"（《论语·泰伯》）之外，管子也说过："浩然和平，以为气渊。渊之不涸，四体乃固。泉之不竭，九窍遂通。乃能穷天地，被四海，中无惑意，外无邪灾。心全于中，形全于外，不逢天灾，不遇人害，谓之至人。"（《管子·内业》)《列子·黄帝篇》载，列御寇问关尹："至人潜行不空，蹈火不热，行乎万物之上而不栗。请问何以至于此？"关尹曰："是纯气之守也，非智巧果敢之列。"并进而提出"壹其性，养其气，含其德，以通乎物之所造"。但比较而言,孟子所论,比孔子、管子、关尹更为精审、翔实、宏阔,更具道德鼓舞的深刻感召力,因而对后世的影响,至为久远。

翻开先秦之后两千年史册,指导士大夫养"浩然之气"的嘉言懿行、显例典范不胜枚举。从古代的诗人到当代的作家,以"浩然之气"名世者就不止一例,而湮没无闻者,更不知凡几。"浩然之气"所包含的关心天下忧乐,提倡经世致用,注重修身养性,讲究道德文章,成为中国知识阶层代代相继的优良传统。"穷则独善其身,达则兼善天下",更是中国士人于世事浮沉、人生坎坷中把握自身、完善自身的根本圭臬。历代文人墨客,豪杰志士,聚浩然之气于胸内,抒壮美情怀于笔端,留下无数感人肺腑、催人奋进的诗篇。

周敦颐《爱莲说》:"予独爱莲之出淤泥而不染,濯清涟而不妖,中通外直,不蔓不枝,香远益清,亭亭净植,可远观而不可亵玩焉。"——皎洁品藻,犹闻其香。

李白《行路难》:"行路难,行路难,多歧路,今安在?长风破浪会有时,直挂云帆济沧海。"——博大襟怀,荡气回肠。

郑燮《竹石》:"咬定青山不放松,立根原在破岩中。千磨万击还坚劲,任尔东西南北风。"——劲健风骨,跃然纸上。

秋瑾《黄海舟中日人索句并见日俄战争地图》:"万里乘风去复来,只身东海挟春雷。忍看图画移颜色,肯使江山付劫灰。浊酒不销忧国泪,救时应仗出群才。拼将十万头颅血,须把乾坤力挽回。"——慷慨气度,撼人心魄。

如果说在平时,"浩然之气"是中国士人滋养性情的和风润雨,那么一旦身陷危厄,"浩然之气"又立即成为鼓舞他们抗击邪恶的风暴雷霆。南宋名臣文天祥,正是在它的坚强支撑下,谱写出永垂青史的《正气歌》。

文天祥率部抗击元军,兵败被囚于大都。囚室"污下而幽暗","诸气萃然"。有雨潦之水气,涂泥之土气,暴热之日气,薪灶之火气,仓腐之米气,腥臊之人气,尸鼠之秽气。在如此恶劣的条件下,文天祥以孱弱之躯历数年而"无恙",全赖"浩然之气"的支撑。他自己总结道:"彼气有七,吾气有一,以一敌七,吾何患焉。况浩然者,乃天地之正气也。"文天祥因此而作《正气歌》:

> 天地有正气,杂然赋流形。下则为河岳,上则为日星。于人曰浩然,沛乎塞苍冥。

从思想到语言,完全仿效孟子。在铺陈了12位临危不惧、坚贞不屈的先烈事迹后,文天祥赞道:

> 是气所磅礴,凛烈万古存。当其贯日月,生死安足论。地维赖以立,天柱赖以尊。三纲实系命,道义

为之根。……岂有他缪巧,阴阳不能贼。顾此耿耿在,仰视浮云白。悠悠我心悲,苍天曷有极。哲人日以远,典型在夙昔。风檐展书读,古道照颜色。

文天祥壮烈捐躯,距今已700余载。孟子倡"浩然之气",距今已2 000多年。然而,"是气所磅礴,凛烈万古存","哲人日以远,典型在夙昔"。中国知识分子,将永远从他们的德行与睿智中,汲取丰富的营养,以铸就自己的人格之魂。

九 "得天下英才而教育之"与儒家教育的特征

重视教育,是从孔子开始的历代儒家代表人物一以贯之的优良传统。汉代以后,儒家学说成为中国文化系统的主干,影响所及方方面面,尤其在教育领域内,占据了毋庸置疑的支配地位。从某种程度上讲,一部中国古代教育史,也就是儒家教育思想不断发展并付诸实施的历史。

孔子一生,东奔西走,在政治上颇不得志,无所归依,甚至被人讽为"累累若丧家之狗",孔子本人竟然也不否认,而称"然哉!然哉!"(《史记·孔子世家》)但另一方面,在教育上,他却成就斐然,功勋卓著,号称"弟子三千,贤人七十","七十子之徒散游诸侯,大者为师傅卿相,小者友教士大夫",不仅在当时就"桃李遍天下",而且为后人留下了有关教育思想方面的宝贵财富。孔子首创私人讲学，打破贵族阶级对教育的垄断。他毕生"学而不厌，诲人不倦"，主张将德育放在首位，"子以四教，文、行、忠、信"（《论语·述而》），在教育方法上，提出"温故而知新"（《论语·为政》），"三人行，必有我师焉"（《论语·述而》），"不愤不启，不悱不发，举一隅不以三隅反，则不复也"（《论语·述而》），"其身正，不令而行"（《论语·子路》），"博学于文，约之以礼"（《论语·雍也》），"多闻阙疑"（《论语·为政》），"学而不思则罔，思而不学则殆"（《论语·为政》），"学而时习之，不亦说乎"（《论语·学而》）等一系列精彩命题，从而奠定了自己是中国历史上第一位伟大教育家的不可动摇的地位。

孟子自命为孔子的私淑弟子，为儒学在百家争鸣中与墨家并称"显学"，做出了重要贡献，而他一生的命运遭际，也竟然与孔子基本相似。壮年时期，奔走列国，鼓吹"仁政"，结果却一事无成；倒是在此前后，收徒授学，著书立说，成就了一番事业。除给后人留下一部辞警意丰的《孟子》，还培养出一批万章、公孙丑这样的高足，虽比不上孔子的"弟子三千，贤人七十"，但也确实在教育后学、培养人才方面，卓然成家。

孟子一生都热衷于教育，对此予以高度重视，并且身体力行。他将教育与自己的"仁政"社会政治主张联系起来，认为"不教民而用之，谓之殃民"（《告子下》），因而是与尧、舜的仁义之道背道而驰的。不仅如此,他还指出,实行仁义之道,仅仅满足于"善政",是远远不够的,还必须辅之以"善教",这是因为:"仁言不如仁声之入人深也,善政不如善教之得民也。"(《尽心上》)立足于这一认识,他不遗余力地向各国君主反复鼓吹"教民"的重要意义,而且终生乐此不疲。

孟子曾提出著名的"君子有三乐":"父母俱存,兄弟无故,一乐也;仰不愧于天,俯不怍于人,二乐也;得天下英才而教育之,三乐也。"(《尽心上》)将"得天下英才而教育之"作为人生的三大乐趣之一,与父母兄弟的健康幸福、个人品行的光明磊落并列,并置于以德服天下("王天下")之上,真诚地表达了一个杰出教育家的人生抱负,令人感佩不已!

既然将"得天下英才而教育之"作为自己的人生乐趣,孟子便一生为此而殚精竭虑,从理论到实践,都进行了不懈的探索与总结,继承和发展了孔子的教育思想,并给以后儒家教育的方方面面,打上了自己思想的烙印。

1."心之官则思"与"大哉居乎"——教育原理的探讨

教育,是对人的思想的充实与改造,是一门严格的科学,有它自身的原理。探讨教育原理,是发展教育的基础理论工作，也是杰出的教育家与平庸的"教书匠"的主要区别之所在。在这方面，孟子进行了深入的思考，提出了许多有价值的思想。

教育，包括品德的培养、智能的开发、体力的训练，但从一般原理上归纳，它们都是内因（受教育者自身的素质,包括生理与心理两方面）与外因（受教育者所处的环境,包括自然的、社会的、人文的三个方面）相互作用的过程及其结果。孟子对教育原理的探讨,正是从这两方面展开的。

（1）内因：启发"良知""良能"，讲求"自得之"

孟子认为，教育活动本质上是对人生而有之的"良知""良能"的启发。他说,"人之所不学而能者,其良能也；所不虑而知者,其良知也"(《尽心上》),这种"良知""良能"，指的是人具有不同于一般动物的、潜在的智能，这种能力，从根本上讲来源于人的"心"——"心之官则思,思则得之,不思则不得也"(《告子上》)。要想教育人，必须想方设法启动受教育者的"心"——大脑的思维功能，使之进入思维运作的状态，否则，哪怕当老师的讲得口干舌燥，也还是白搭，因为"思则得之，不思则不得也"。

孟子不厌其烦地强调，教育者与受教育者两方面，都应该高度重视教育活动中内因的决定性作用，明白只有真正地开动了脑筋，受教育者才有可能牢固地获得知识和技能，教育活动才有实质性的效果可言，孟子把这称为"君子深造之以道，欲其自得之也。自得之，则居之安；居之安，则资之深；资之深，则取之左右逢其原，故君子欲其自得之也"（《离娄下》）。应该说，孟子的这一认识，是符合教育的本来规律的，正因为如此，两千年后的毛泽东，才对此表示高度赞赏，肯定"脑筋这个机器的作用，是专门思想的。孟子说：'心之官则思。'他对脑筋的作用下了正确的定义。凡事应该用脑筋好好想一想。俗话说：'眉头一皱，计上心来。'就是说多想出智慧"（《毛泽东选集》）。

（2）外因：肯定环境的重要作用，注意择地而居，择师而从

孟子认为，不管是圣人还是凡人，都同属一"类"，都有与生俱来的"良知""良能"，也就是说，在受教育的内因方面，条件大体是相当的，但为什么会出现德行与智力方面的差异呢？那是因为外因的不同。外因在教育活动中的地位，也不可忽视。

孟子来到齐国的都城，看见齐王的儿子，风度翩翩，温文尔雅，不禁感叹道："居移气，养移体，大哉居乎！"（《尽心上》）环境的作用，真是巨大啊！环境改变气度，奉养改变体质。他不也是人的儿子吗？为什么就显得出类拔萃呢？不就是他身处的环境要优越得多嘛！

关于环境对教育的影响，孟子还用楚人学习齐语的故事来予以说明。他对戴不胜说，在一个众人都说楚语的环境里，要想学好齐国话，哪怕用鞭子威逼，也是学不好的；反之，大家都说齐国话，强迫人说楚国话也是不可能的。所以，选择合适的环境，是教育成功的必要前提。

从外因方面考虑，教育的环境，还包括受教育者对老师的选择。近朱者赤，近墨者黑。择善而从，不可不慎。孟子提出："中也养不中，才也养不才，故人乐有贤父兄也。"（《离娄下》）品德好的人来教育品德不好的人，有才能的人来教育没有才能的人，所以每个人都喜欢有个好父兄。多与好人接触，自然会学好；多与坏人接触，自然会学坏。古今皆然，概莫能外。

2．"君子之所以教者五"——教育方式与内容的归纳

关于教育的方式，孟子指出：

> 君子之所以教者五：有如时雨化之者，有成德者，有达财者，有答问者，有私淑艾者。（《尽心上》）

君子用以教育人的方式有五种：有像及时雨那样滋润万物的，有成全品德的，有培养才能的，有解答疑问的，有以才识德行为后人树立学习楷模的。培养后学，并非成

天板起面孔来训导，而应该注重潜移默化的功效，如同春风化雨一般，浸润干涸的心田，使之在满足知识渴求的愉悦之中，净化心灵，增长才干。向学生传授知识，除了一般的、通行的讲解之外，还应加强针对性，对学生在学习过程中产生的疑难问题，进行个别辅导，因材施教，对症下药，才能收到好的效果。尤其值得注意的是，孟子特别提出一种"私淑艾者"的教育方式，它不是通过老师与学生的直接接触来实现教育的过程，而是老师以自己的高洁品德、卓越才识给后人留下榜样，而后人又从这高洁品德、卓越才识的流风余韵中汲取营养，以"私淑弟子"的身份，向未曾谋面的老师学习，从而实现教育的过程，收到教育的效果。显而易见，这一条是孟子从自己的亲身体验中总结出来的宝贵经验。孟子出生时，孔子已去世100多年，他无缘直接聆听这位他十分景仰的前辈的教导，但这并不能动摇他"乃所愿，则学孔子也"（《公孙丑上》）的志向，他表示："予未得为孔子徒也，予私淑诸人也。"（《离娄下》）他正是通过孔门后学曾参、子思及其弟子这一学脉，上承孔子的博大思想，并以之作为自己的人生指南，经过艰苦努力，成为孔儒之学的杰出继承者。孟子根据自己的经历，提出"私淑艾者"这一特殊的教育方式，给人们提供了一条极有实用价值的求学途径。孟子以后，文人学士便通称未得身受其教而景仰其人其行其学为"私淑"，以"私淑弟子"的身份向先贤圣哲学习。这对于教与学两方面都开辟出了更加广阔的天地,实在是对中国古代教育学的莫大贡献。

教育的方式与教育的内容不可分割。从孟子"君子之所以教者五"(《尽心上》)中,我们也可以看出他对教育内容的把握。在孟子心目中,"成德"与"达财"("财"同"材")是不可偏废的,而"成德"显然又被置于更优先的位置。这也是孔子的一贯主张。孔子曾说:"德之不修,学之不讲,闻义不能徙,不善不能改,是吾忧也。"(《论语·述而》)"德之不修",是他最大的忧虑,"学之不讲",还在其次。孟子继承了孔子的思想,将"成德"列为教育的首务,并把孔子注重的"修德",具体落实到以"明人伦"为中心的轨道上来。"明人伦",就是懂得人与人之间的特定关系,并遵守它、维护它,而不去违反它、破坏它。"人伦"的具体要求是"父子有亲,君臣有义,夫妇有别,长幼有序,朋友有信"(《滕文公上》),这是学校教育的根本任务。"夏曰校,殷曰序,周曰庠",不管学校的名称如何变化,"学则三代共之,皆所以明人伦也。人伦明于上,小民亲于下"(《滕文公上》)。孟子认为,只有在"明人伦"的基础上,才谈得上进一步培育学生的才干;否则,不但才无所用,而且会招来杀身之祸。盆成括在齐国做了官,孟子得知这一消息,预言道:"盆成括要死了。"不久,盆成括果然被杀。

学生问道:"您怎么知道他会被杀呢?"孟子回答:

> 其为人也小有才,未闻君子之大道也,则足以杀其躯而已矣。(《尽心下》)

盆成括的确"小有才",但"未闻君子之大道",不明人伦,不讲仁义,所以,才干并不能帮助他成就功业,反而断送了他的性命。

相对于"成德",孟子关于"达财"讲得很少,这是因为他一贯认为,只要通过启发人的"善端",明人伦、行仁义,人们的才干就会自然增长,保四海、保社稷、保宗庙、保四体,无往而不胜,否则,便无往而不败。具体如何增长治国安邦的才干,在孟子看来,虽然也属于教育的内容,但却不值得展开论述,所以在他留给后人的著作中,便语焉不详。至于农、工、渔、猎等各行各业的操作技能,就更不受儒家的重视。樊迟向孔子请教种田的技艺,孔子自称不如老农,还骂他是"小人"。孟子承接先师,当然也不会对"下愚"的"劳力者"的技艺发生兴趣,这一部分内容,也就被他排斥于教育内容之外了。与此相反,在墨家有关教育内容的论述中,却屡屡谈到"凡天下群百工,轮、车、鞼、鞄、陶、冶、梓、匠,使各从事其所能"(《墨子·节用中》),"纺绩织纴,多治麻丝葛绪捆布縿"(《墨子·非命下》),涉及各门劳动技艺。而且,墨子本人就是精于机械制作的能工巧匠，墨家信徒，也多系直接从事劳作的下层民众。他们的教育主张，侧重总结实践经验，指导生产活动，以期为民谋利，"利于人谓之巧，不利于人谓之拙"（《墨子·鲁问》），与儒家形成鲜明对照。墨家在教育内容方面之优长，恰是儒家的缺陷所在。

3．"教亦多术"——教育法则的制订

在孟子的教育思想中，涉及教育法则的众多论述尤其精彩，其中不少方法论原则，在今天仍不失其科学价值与现实功用。

（1）严格要求

坚持高标准，严要求，是教育的最基本法则。不按规矩，随心所欲，于教于学，都是不可取的。孟子于此，反复三致意焉。他以羿教人射箭为例：教者一定要拉满弓，学者也一定要努力将弓张开，不可偷懒取巧，这叫"大匠诲人必以规矩，学者亦必以规矩"（《告子上》）。孟子一贯以仁义之道作为人生的最高追求和品德修养的终极目标。一次，公孙丑对他说："仁义之道确实很高，也很美，但它给人以登天一般高不可攀的感觉，为什么不让它变得平易一些，从而鼓舞人们每天孜孜不倦地去追求它呢？"孟子非常严肃地回答道："高明的工匠不会因为笨拙的徒工

而改变或取消制作的规矩,羿也不会因为笨拙的射手而改变张弓的标准。君子张满弓而不发箭,做出跃跃欲试的姿态,在不偏不倚的位置上站定,有能力的人便后继而来。"(《尽心上》)只能是受教育者竭尽全力去达到规定的要求,而不能为了"照顾"他们,"体谅"他们,降格以求。为此,孟子还提出,父子之间,由于亲情关系的存在,父亲往往不忍心对儿子进行严格的教育,担心会伤害父子感情,所以,"古者易子而教之",原因就在"父子之间不责善"(《离娄上》)。你教育我的儿子,我教育你的儿子,父亲的仁慈被老师的严厉所代替,撒娇耍赖没有了市场,只得老老实实按规矩办事。

（2）勤奋专一

教育是对人的智力的开发,但教育成功与否,又绝不能单纯归结为人的智力因素。天生资质并非十分聪颖的人,只要发奋刻苦,也能成才。勤能补拙,是古今通义。孟子用一则有名的寓言,来说明这一法则。弈秋,是全国有名的围棋高手。假使让他教两个学生下棋,一个专心致志,认真听讲；另一个却一心以为有天鹅就要飞来,想着如何用弓箭将它射下来。孟子总结道："虽与之俱学,弗若之矣。为是其智弗若与？曰：非然也。"(《告子上》)后者与前者同时在学习,但成绩肯定不如前者。是因为他不如人家聪明吗?当然不是。原因就在他不专心,不刻苦。除了专心听讲,发奋刻苦之外,开动脑筋,勤于钻研,也是增长智力的必要途径。孟子对高子说:"山间小径,茅草丛生,只有经常走,才变成一条路,而只要一段时间不走,茅草就会阻塞它。"(《尽心下》)智力的锻炼,也是如此。山路不走会阻塞,机器不开会生锈,脑瓜越用越灵,懒于用脑,不思不学,人就会越来越笨。

(3)持之以恒

学习是一个长期积累的过程,一蹴而就,绝无可能;三天打鱼两天晒网,尤不可取。持之以恒,才是教育的正道。孟子以植物的生长为喻,说明这一法则:"虽有天下易生之物也,一日暴之,十日寒之,未有能生者也。"(《告子上》)即使是最容易生长的植物,暴晒一天,又冷冻十天,它也无法生存下去。学习也是如此,拼命学一天,又嬉戏荒废十天,哪里能够有所收获呢?所以,学习切忌三分钟热度,而应当保持清醒、冷静的理性态度,循序渐进,持之以恒。孟子一针见血地指出:"其进锐者,其退速。"(《尽心上》)前进太猛,一口想吃成个胖子,不但达不到目的,而且还会因为不可避免的失败,沮丧泄气,从一个极端跳到另一个极端,由急于求成一变而为自暴自弃。这一充满辩证法光辉的哲言警语,对于每一个教育者和受教育者,都是一剂去躁败火的良方。只有具备持之以恒,不达目的誓不罢休的"韧"劲,学习才能深入,教育才能收到成效。对此,孟子又运用了一个极为生动的比喻:

> 有为者辟若掘井,掘井九轫而不及泉,犹为弃井也。(《尽心上》)

实现一个目标,好比打井,费了老大的劲,打了六七丈深,还不见水,这个时候,绝不能动摇信心,半途而废,而应当锲而不舍,继续深入,知识的源泉,就在不远的地下,等待你去开启呢!几年前的一道高考语文试题,属看图作文题,图中所画,正是一个小伙子,在地下打了深浅不一的好几个坑,最深的离地下水仅隔咫尺,但他却扛锹而去,还说:这里没水!这一试题的立意,显然源于两千年前孟子的"有为者辟若掘井",由此足见其千年而不灭的思想光辉。

(4) 身教重于言教

以身作则,身教重于言教,是教育者必须恪守的职业道德,也是教育成败的关键之一。孟子继承孔子"其身正,不令而行;其身不正,虽令不从"(《论语·子路》)的思想,对教育者自身的素质,予以高度重视,同时也提出了很高的要求。他认为,教育者高尚的人格,本身就具有巨大的精神感召力,"圣人,百世之师也。伯夷、柳下惠是也。故闻伯夷之风者,顽夫廉,懦夫有立志;闻柳下惠之风者,薄夫敦,鄙夫宽"(《尽心下》)。在伯夷、柳下惠人格风范的熏陶之下,贪婪者变得清廉,懦弱者变得刚强,刻薄者变得厚道,心胸狭小者也变得宽宏大度。孟子认为,教育者自身必须在道德、学识各个方面,均积极进取,不断提高,为受教育者做出好的榜样,而不能故步自封,自满自足,误认为自己事事高明,永远高明。他说:"人之患在好为人师。"(《离娄上》)习惯于以别人的老师自居,是很坏的毛病。有了这个毛病而不自觉改正,必将成为学习的落伍者,从而永远不再具有教育别人的水平与资格。孟子指出,"贤者以其昭昭使人昭昭"(《尽心下》),高明的老师只有自己清楚明白了,才去教育学生;而不称职的老师"以其昏昏使人昭昭",自己还稀里糊涂,却指望教育好学生,这只能是误人子弟。"以其昭昭使人昭昭",正是古今中外一切为人师者的座右铭。

(5)不教而教

关于教育法则,孟子还有一段十分耐人寻味的妙言:"教亦多术矣,予不屑之教诲也者,是亦教诲之而已矣。"(《告子下》)我不屑于去教诲他,这也是对他的教诲呀!此话怎讲?孟子与公都子的如下对话,可以帮助我们理解其中的奥妙。

公都子问:"滕更在您门下求学时,您老不回答他的问题，这是为什么？"

孟子说："倚仗权势来提问，倚仗贤能来提问，倚仗年长来提问，倚仗功勋来提问，倚仗老交情来提问，这五种情况，我一律不予回答。滕更在这五条中占了两条，所以我不理他。"(《尽心上》)孟子一反循循善诱的作风，故意冷落滕更，并不是放弃老师的职责，而是用这种行动去警醒滕更，促其反省：老师为什么对别的学生那么热情，唯独对我如此冷落？看来自己提问、求教时所抱的态度，不够端正。权势、贤能、年资、功勋、老交情等等，都不应成为骄傲的资本，只有放下架子，虚心求知，才能得到老师的指点，有所收获。假如滕更能够如此思考问题，改正自己的缺点，那么，孟子的不教而教，不就取得了莫大的成功了吗？但愿今天的为人师者，能从此中悟出一点教育的真谛。

4．孟子论教与儒家教育的特征

从孔子开始，经过历代儒家士人的不懈努力，儒家教育形成了一套完整的体系，具有不同于其他学派的鲜明特征。汉代以后，随着儒家地位的上升，其教育模式逐渐扩展为由国家权力推行的教育制度，其特征也就为中国教育打上了自己的深刻烙印。

作为儒学的创始人，孔子的教育理论与实践，决定了儒家教育特征的基本格局；作为孔儒之学的重要传人，孟子有关教育的言与行，又进一步强化了这些特征。我们在总结儒家教育乃至中国古代教育的丰厚遗产时，不可忽视孟子在其中的重要贡献。

孔子打破贵族对教育的垄断，开创了平民受教育的先河。孔子曾说："只要送给我十条干肉，我没有不教育的。"（《论语·述而》）他的学生中，就有穷居陋巷的颜渊，"三日不举火，十年不制衣"（《庄子·让王》）的曾参，还有"卞之野人"（《史记·孔门弟子列传》）子路。孔子把这称作"有教无类"（《论语·卫灵公》）。孟子也坚持"有教无类"的教育方针，"夫子之设科也，往者不追，来者不拒"（《尽心下》），只要是真心来求学的，从不拒之门外。以至于有人怀疑孟子的学生中竟有鼠窃狗偷之徒。此事查无实证，后来不了了之。但是，注重对全体民众进行以人伦道德为主要内容的教育，却一直是儒家教育的显要特征，在两千多年中国历史上，始终发挥着强大的社会功效。

教育与政治联姻，"学而优则仕"，是儒家教育的又一特征。孟子于此，也予以格外的关注。鲁国准备任用他的学生乐正子治国理政，孟子得知这一消息，竟然"喜而不寐"，高兴得觉也睡不着（《告子下》）。他还曾与陈臻详细讨论怎样的情况，就应该出来做官；怎样的情况，就辞职不就。（《告子下》）孟子论学，总是从维护政治统治的高度来考虑问题，"上无礼，下无学，贼民兴，丧无日矣"（《离娄上》)。教育不兴，不仅民众不知礼义，而且将导致亡国亡家。将教育与政治紧密联系在一起，其利弊褒贬，需要具体分析，不可一概而论，但儒家教育思想的这一特征之中，的确含有值得我们汲取的积极成分，则是可以肯定的。

德育为先，是儒家教育区别于其他学派的又一特征。孔子最担心学生的"德之不修"，孟子又把"成德"具体化为"明人伦"，从而从根本上确定了儒家教育的重心。汉代以后，尤其是经过宋明理学家们的鼓吹，"三纲"（君为臣纲、父为子纲、夫为妻纲）、"五常"（仁、义、礼、智、信）的伦常礼教，成为从社会教育到学校教育概莫能外的中心内容。鲁迅等"五四"时代的思想斗士们曾经猛烈抨击礼教"吃人"的罪恶。就此而论，孟子不可辞其咎，但从一般的、抽象的意义上看，重视德育本身，又并无过错可言。以健康向上的、符合时代要求的德育内容去取代纲常伦理的思想糟粕，是今天教育工作者的神圣使命，也是对待包括孟子在内的儒家教育思想遗产所应采取的科学态度。

讲求启发式，是儒家教育在方式方法上的重要优长。孔子首倡"不愤不启，不悱不发"（《论语·述而》），孟子又进一步阐明"心之官则思，思则得之，不思则不得也"（《告子上》）的教育原理，强调"自得"的重要意义。启发受教育者的学习积极性、自觉性，是古往今来一切教育得以成功的绝对法则。孟子从认识论基本原理的角度对此做出有力的论证,是他教育思想中最有价值的部分,儒家教育论,也因此而大放光彩。

十 "能言""好辩"及《孟子》在文学史上的地位

　　孟子生活在"百家争鸣"的年代。为了使孔儒学说能够在诸家异说中独领风骚，赢得社会的认可、君主的采纳，孟子充分表现了自己"好辩"的风格，"能言"的特长，游说诸侯，批驳论敌，教诲后学，诱导听众，议论风发，纵横捭阖，为孔儒学说在当时与墨家双峰并峙，同居时代的"显学"地位，做出了重要贡献。正如韩愈所论，"孟轲好辩，孔道以明"（《进学解》）。与此相关，《孟子》全书便具备了以辩驳、问难为主要内容的政论集的性质，显现出与《论语》简洁、平易的语录体大不相同的风格，其宗旨之宏远、逻辑之清晰、气势之磅礴、语言之生动、技巧之娴熟，不仅使孟子在当时即享有雄辩家的盛誉，而且对后世政论史、文学史的发展，也产生了深远的影响。

1. 孟子"能言"面面观

翻开《孟子》,意气风发的雄辩家的风采跃然纸上,呼之欲出。尽管此书因系孟子与其高足共同完成,给我们留下的,都是孟子论辩所向披靡、大获全胜的捷报,全然未见败绩,不免"王婆卖瓜"式的自矜自傲,但仔细分析,其间也确乎蕴含着若干卓异之处,值得取精用宏,发扬光大。

(1)宗旨宏远,"知人论世"

举凡论辩,反对什么,伸张什么,均须从大处着眼,方可控驭全局。对于孟子来说,他要反对的,首先是"诸侯放恣,处士横议,杨朱、墨翟之言盈天下"(《滕文公下》),他要伸张的,是孔子创立的儒家学说,是尧、舜、禹、汤推行的"仁政""王道"。他对"世衰道微,邪说暴行有作"痛心疾首,尤其愤慨"杨氏为我,是无君也;墨氏兼爱,是无父也。无父无君,是禽兽也"。孟子给自己树立的论说宗旨是:"正人心,息邪说,距诐行,放淫辞,以承三圣。"为此,他才不得不与诸种邪说展开针锋相对的论争,绝无妥协、退让、调和、折中的余地。正因为如此,当学生公都子问道:"外人皆称夫子好辩,敢问何也?"孟子回答:

予岂好辩哉?予不得已也。……能言距杨墨者,

圣人之徒也。(《滕文公下》)

孟子论辩,首重"知人论世",唯其如此,才能以高视点、大襟怀、深意蕴,牢牢把握论辩的主动权。孟子教导万章:"颂其诗,读其书,不知其人,可乎？是以论其世也。"(《万章下》)过去人们常常将这一段话仅仅理解为孟子的艺术鉴赏论或者文艺批评观,实在过于狭隘。诚然,孟子的这段话是直接针对《诗经》发论,但其意旨,又绝不仅限于读《诗》、解《诗》。从本源的意义上看,"知人论世"应属于认识论与方法论范畴,是孟子评骘学说、臧否人物的基本法则。他的一系列论辩之作,都是在这一法则指导之下完成的。

"知人论世",就是将思考、辩难的问题,放到春秋战国时期社会历史大动荡、大分化的宏观背景之下,纳入论者所要倡导的社会理想模式中,综合考察辩论对手的言论、行为乃至人品,抓住问题的要害,而不为表面的言辞所迷惑。孟子把这称作"不以文害辞,不以辞害志"(《万章上》)。单从字句上看,孟子的"不以文害辞,不以辞害志"是对"说诗者"的要求,但他的这一方法论原则,显然具有更广泛的文章学、政论学、辩论学的意义。因为在孟子的心目中,孔子的"《诗》三百,一言以蔽之,曰:'思无邪'"(《论语·为政》),本质上不是什么文艺批评的问题,而是力倡"无邪"

的仁、义、礼、智的社会伦理道德主张,孔子推崇《诗经》,正是要借《诗》抒怀,借《诗》言义。孟子与孔子一脉相承,他要求"说诗者,不以文害辞,不以辞害志",其实也是以之作为表达自己的社会政治主张,在论辩中自圆其说,克敌制胜的方法论法宝。

孟子认为,先王圣哲是仁、义、礼、智的化身,他们的思想与"无邪"的《诗经》是完全吻合的。所以当万章问他:"《诗》云:娶妻如之何?必告父母。""舜之不告而娶,何也?"对这一很难回答的刁钻问题,孟子以"不以文害辞,不以辞害志"的方法,很轻巧地化解了:"告则不得娶。男女居室,人之大伦也。如告,则废人之大伦,以怼父母,是以不告也。"(《万章上》)这样回答既维护了圣人的完美形象,又捍卫了《诗经》的道德准则。

(2)逻辑严密,"知类""求故"

讲不讲究逻辑,逻辑严密与否,是辩难取胜的关键。孟子在这方面,亦有所追求,有所成功。

孟子生活的时代,与儒学并称"显学"的是墨家之学。墨家之学正是先秦诸子中最重逻辑的一派。墨子本人就对自己言论的逻辑力量充满自信,宣称"吾言足用矣,舍言革思者,是犹舍获而捃粟也,以其言非吾言者,是犹以卵投石也;尽天下之卵,其石犹是也,不可毁也"(《墨子·

贵义》),夸口如舍弃自己的主张,犹如舍弃大田之庄稼而去拾捡残落的谷穗;反对自己的主张,犹如以卵击石;且天下的鸡蛋都摔光了,石头仍坚不可摧。他首创的"类"与"故"这两个概念,具有广泛的方法论意义,在中国逻辑思想史上,做出了重大理论贡献。"依据'类'的概念,使他有了明是非、审治乱、别异同、察名实的方法,使他获得了辩诘的工具,使他在'劝以教人''遍从人而说之'的理论斗争中有了制胜的武器"(侯外庐、赵纪彬、杜国庠《中国思想通史》),而以"原因"之义释"故","明其故"而"察其类",便成为墨子逻辑推理的常用定式。

面对如此强劲的对手,孟子自然不敢掉以轻心,并且自觉地从墨家那里吸取思想营养,以增强自己的逻辑力量。正如晋人鲁胜所指出的,"孟子非墨子,其辩言正辞则与墨同"(《晋书·隐逸列传·鲁胜》)。

墨子讲"类",孟子也十分注意"类"的划分与考察。他指出,"凡同类者,举相似也"(《告子上》),凡具有共同属性或者相似属性的事物,均属一"类"。他引述有若的话,将麒麟与走兽、凤凰与飞鸟、太山与土堆、河海与溪流、圣人与百姓,都归为同类。同一类之下,又有不同的"次类"。例如,他将人以修身养性的水平划分为六类:善、信、美、大、圣、神(《尽心下》),指出乐正子便介于善、信之间,美、大、圣、神之下。

而圣、神则是"出于其类,拔乎其萃"(《公孙丑上》)的精英。"圣人"属于"人"这一大"类",尧、舜又属于"圣人"这一"次类"。

孟子对"类"的划分与考察,成为他思考、论辩的有力的逻辑武器。在《孟子》中,我们经常可以看到君子与小人、劳心与劳力、巨屦与小屦、不能与不为、先觉与后觉、天爵与人爵、大体与小体等之间"类"的剖析,这些剖析构成孟子申明主张、展开论述、批驳论敌的稳固的概念基础,也是他长于运用的基本战术。请看如下范例:

齐宣王问孟子:"商汤放逐夏桀、周武王讨伐商纣,历史上有这回事吗?"

孟子回答:"史籍上有这样的记载。"

齐宣王于是提出疑问:"臣属弑(无理地杀死)其君王,这难道是可以的吗?"

这时,孟子便巧妙地运用了逻辑分析工具,先不直接回答臣弑其君可与不可,而是对夏桀、商纣是否属于"君"这一"类",展开分析,他说:

> 贼仁者谓之"贼",贼义者谓之"残"。残贼之人谓之"一夫"。闻诛一夫纣矣,未闻弑君也。(《梁惠王下》)

孟子指出,"贼仁""贼义"是"一夫"这一"类"的特征,商纣王符合这一特征,所以他属于"一夫"之"类",既属"一夫",便不属"君"。至此,问题便由臣弑其君可否,转变为讨伐夏桀、商纣属不属于"弑君"的范畴。对此,孟子理直气壮地答复齐宣王:"闻诛一夫纣矣,未闻弑君也。"

墨子讲"明其故"方能"察其类","《墨子》书中每遇'故'字出现,论证即深入一层"(侯外庐、赵纪彬、杜国庠《中国思想通史》)。孟子在论辩时,也非常重视"求其故",《孟子》全书之中,出现"是故"(所以)15次,与"是故"同义的"是以"12次。孟子认为,天道也好,人事也好,都有其"所以然"的根据所在,亦即"故"之所在。讨论、辩驳问题,不仅要"知其然",而且要"知其所以然",即"求故"。对于至关重要的人性问题,孟子认为:"天下之言性也,则故而已矣。故者以利为本。"(《离娄下》)讨论人性,只要推求其所以然,便可以得出正确答案。而这所以然之"故",又是以顺应自然之理为基础。孟子由此生发开去,又提出"天之高也,星辰之远也,苟求其故,千岁之日至,可坐而致也"。虽然天极高,星极远,但只要我们去推求天体运行的本来规律,那么千年以后的冬至,都可以坐着演算出来,表现出逻辑分析的充分自信。

除了"知类""求故",孟子在论辩中,还自觉运用了多种逻辑分析的手段。他运用归纳推理,列举人所共知的舜、傅说、胶鬲、管夷吾、孙叔敖、百里奚六人均出身于耕作、建筑、鱼盐等艰苦环境的事实，概括出一条重要的人才成长的规律："故天将降大任于是人，必先苦其心志，劳其筋骨，饿其体肤，空乏其身，行拂乱其所为。"（《告子下》）他又运用类比推理，从大麦的禾苗有壮有弱，麦粒有饱有秕的区别，并不影响它们共属麦之"类"，来说明人的体力有强弱，智力有高下，身份有贵贱，但同样不影响他们共属人之"类"，"何独至于人而疑之，圣人与我同类者"（《告子上》）。他还运用选言、假言判断，"鱼，我所欲也；熊掌，亦我所欲也；二者不可得兼，舍鱼而取熊掌者也"，以此类推出："生，亦我所欲也；义，亦我所欲也；二者不可得兼，舍生而取义者也。"（《告子上》）几种逻辑手法的综合运用，十分生动有力地论证了舍生而取义的人生价值取向。

当然，我们也要指出，孟子的逻辑思想还远不完善，尤其是他以"相似"性作为"类"的依据，并未抓住"类"的本质，而以"相似"之"类"来作为驳论的逻辑依据，往往会流于比附，显得牵强，甚至导致错误。例如，他多次将仅具某些相似之处，而本质全然不同的事物硬性类比，并称之为"充类"，如将"非其有而取之者"一律认为"盗也"（《万章下》），就显然过于武断，实难成立。但总括而言，孟子论辩中的逻辑体现是鲜明而有力的，荀子指责其"甚僻违而无类"(《荀子·非十二子》),胡适批评他"只不过空言虚词而已"(胡适《先秦名学史》),亦带有学派的偏见与判语的失当,不足为训。

(3)气势磅礴,咄咄逼人

假如说逻辑是文章的骨架,那么气势则是文章的精神。尤其是对于辩难式的文章,有无气势,气势如何,更是能否先声夺人,压倒对方,战而胜之的重要因素。"气盛则言之短长与声之高下者皆宜"(韩愈《答李翊书》)。

孟子自称"我善养吾浩然之气"(《公孙丑上》)。这"浩然之气"不仅是他对自己为人的要求,同时也是对自己为文的要求。宋代文章大家苏辙在引述了孟子"我善养吾浩然之气"之后,紧接着评论道:"今观其文章,宽厚宏博,充乎天地之间,称其气之小大。"(《上枢密韩太尉书》)苏氏之论,绝非溢美。

孟子在论辩中,擅长于营造推波助澜,层层推进的雄博之势,给人以不可阻挡之感。且看他论证"得道多助,失道寡助"的精彩篇章:

第一层:"三里之城,七里之郭,环而攻之而不胜",弹丸之小城,长期围攻之下,其间必有合乎天时的战机,却无法取胜,这便是"天时不如地利"。

第二层:"城非不高也,池非不深也,兵革非不坚利也,米粟非不多也",但守城者无心恋战,弃城而去,高墙深池完全不能发挥易守难攻的优势,这便是"地利不如人和"。

第三层:正因为"人和"最为重要,"域民不以封疆之界,固国不以山溪之险,威天下不以兵革之利",疆界的严密,山川的险阻,兵器的锐利,都不是克敌制胜的要害所在。

第四层:格言警句式的结论至此自然道出——"得道者多助,失道者寡助。寡助之至,亲戚畔之;多助之至,天下顺之。以天下之所顺,攻亲戚之所畔;故君子有不战,战必胜矣"(《公孙丑下》)。

如此滔滔雄辩,难怪孟子论辩的战果辉煌,正应了他自己之所言:"君子有不战,战必胜矣。"

孟子论说的磅礴气势,还与他善于运用不同的修辞手法增加语言力度直接相关。为了使两相对立事物的形象、意蕴对比更加鲜明,孟子频繁地运用了形式整齐、声调铿锵的对偶句式。他以"沧浪之水清兮,可以濯我缨;沧浪之水浊兮,可以濯我足"(《离娄上》),以水本身的清浊之别决定它们的用途,来说明人本身品行的优劣高下将决定自己的命运。又如"鸡鸣而起,孳孳为善者,舜之徒也;鸡鸣而起,孳孳为利者,跖之徒也"(《尽心上》),同样"鸡鸣而起",但一"为善",一"为利",舜与跖之徒的不同本质,因此一字之差而立分泾渭。再如"无君子，莫治野人；无野人，莫养君子"，"劳心者治人，劳力者治于人；治于人者食人，治人者食于人"(《滕文公上》)，不同社会分工、不同社会职责、不同社会地位的两类群体的区别及其相互关系，由是而得到极为简洁有力的说明。

最能增强行文之奔涌气势的，是孟子对排比句式的采用。为了强调"仁"的极端重要性，他一气推出："天子不仁，不保四海；诸侯不仁，不保社稷；卿大夫不仁，不保宗庙；士庶人不仁，不保四体。"(《离娄上》)由天子直至庶人，"不仁"均不得善终。在回答齐宣王如何辨别人才的询问时，孟子更连用三组九句排比，来凸显听取"国人"的意见及君主亲自考察对于辨别人才的必要，说明兼听则明，偏听则暗的道理。有时孟子以排比设问，更显咄咄逼人。他明明已经知道齐宣王之"大欲"所在，偏不直接说出，而用一连串反诘："是为了肥美的食物不够吃吗？是为了轻暖的衣服不够穿吗？是为了艳丽的色彩不够看吗？是为了美妙的音乐不够听吗？是为了宠幸之人不够使唤吗？"统统不是！然后再点出宣王的"大欲"所在。(《梁惠王上》)大段对比，步步紧逼，犹如泰山压顶。孟子还使用了一类特殊的排比，与汉语修辞学上的"顶真""联珠"格相关，如"天下之本在国，国之本在家，家之本在身"(《离娄上》)，"自得之，则居之安；居之安，则资之深；资之深，则取之左右逢其原"(《离娄下》),"孝子之至,莫大乎尊亲;尊亲之至,莫大乎以天下养"(《万章上》),"桀纣之失天下也,失其民也;失其民者,失其心也"(《离娄上》),等等。这类排比,联珠缀玉,间不容发,一气呵成,使人于目不暇接之中,慑服于论者的气势,认同论者的思想。

(4)语言生动,文采斐然

孟子是先秦时代的思想大家,同时又是文章里手。他的论说、辩难,语言生动,文采斐然,不仅在先秦诸子中出类拔萃,而且在中国文学史上,也占有一定地位。

孟子为文,"长于譬喻,辞不迫切,而意已独至"(赵岐《孟子题辞》)。《孟子》全书中,共运用了159个生动贴切的比喻。其中有明喻。例如,为表明百姓对于仁政的渴求,则用"若大旱之望云霓"(《梁惠王下》);为强调以战争征服天下的不可取,则将其比作"缘木求鱼"(《梁惠王上》)。也有隐喻,如为说明君子品德对于民众品德的影响,则径言"君子之德,风也;小人之德,草也"(《滕文公上》);为说明仁、义对于人的重要意义,则直称"仁,人之安宅也;义,人之正路也。旷安宅而弗居,舍正路而不由,哀哉!"(《离娄上》)还有博喻,即连续比喻。为了向齐宣王说明君臣之间的相互关系,孟子连用六个比喻:"君之视臣如手足,则臣视君如腹心;君之视臣如犬马,则臣视君如国人;君之视臣如土芥,则臣视君如寇仇。"(《离娄下》)将君对臣的不同态度以及臣将采取的相应回报十分形象地揭示出来。

《孟子》中的一些长篇比喻,实际上已成为精彩的寓言。其中,尤为著名的有《公孙丑上》中的"揠苗助长",说明不可违反自然规律,去干吃力不讨好的蠢事;《梁惠王上》中的"五十步笑百步",刻画了无自知之明者的可笑嘴脸;《滕文公下》中的"今有人日攘其邻之鸡者",驳斥了知错不改者的荒谬借口;《告子上》中的"使弈秋诲二人弈",对比"其一人专心致志,惟弈秋之为听",而另"一人虽听之,一心以为有鸿鹄将至,思援弓缴而射之",说明了学习成绩的好坏,并不全由智力因素决定,更取决于学习者本人的态度。

作为杰出的语言大师,孟子的许多精辟、隽永的名言脍炙人口,已成为妇孺皆知的成语、习语,在两千多年以后的今天,仍在广泛流传。翻开《孟子》,便俯拾即是:"缘木求鱼""杯水车薪""水深火热""箪食壶浆""事半功倍""自暴自弃""一曝十寒""赤子之心""与人为善""当务之急""用夏变夷""知人论世""出类拔萃""舍生取义""得道多助,失道寡助""天时不如地利,地利不如人和""人之患在好为人师""尽信书则不如无书""为渊驱鱼,为丛驱雀""生于忧患,死于安乐""以其昏昏,使人昭昭""其进锐者,其退速""穷则独善其身,达则兼善天下""天将降大任于是人也""富贵不能淫，贫贱不能移，威武不能屈"……

短短35 000言的《孟子》，竟然有如此之多的佳言妙句，历经两千多年的岁月筛选，仍以极鲜活的勃勃生机，广泛通行于亿万民众的口头语言与书面文字之中，这一文学史上的奇观本身，就足以证明孟子驾驭语言的杰出才华，证明其斐然文采的永久魅力。

2．高超的辩论技法

在相当的程度上，孟子的思想是以辩难、驳论的"争鸣"方式，向社会表达出来的。而"争鸣"本身，又是一种技巧性极高的、特殊的艺术。翻开《孟子》，我们从那一篇篇充满睿智的思想交锋的记录中，不难发现孟子运用自如的若干高超的辩论技巧与方法。

（1）引经据典法

在辩论中不失时机、恰到好处地援引前贤圣哲权威性的言论和公众普遍认可的说法，是增强语言文采与说服力的重要手段。《孟子》全书共引《诗经》34次，引《尚书》20次，引孔子言论23次，引曾参等人言论7次，引成语民谚5次。此外，孟子还引用过尧、伯夷、姜太公、龙子、子路、颜渊、公明仪、齐景公、杨虎等人的言论。丰富的引证,是《孟子》全书的一个鲜明特色。例如,为了向梁惠王说明推行仁政,与民同乐的道理,他引用了《尚书·汤誓》中老百姓针对暴君夏桀自比太阳发出的咒语:"时日害丧,予及女偕亡。"(《梁惠王上》)为了向鲁穆公说明官吏不可随意欺压百姓,否则必遭报复这一问题,他又引用了曾参的话:"戒之戒之!出乎尔者,反乎尔者也。"(《梁惠王下》)孟子继承孔子的"《诗》无邪"观点,认为《诗经》表达的思想是完全符合仁、义、礼、智的道德要求的,所以他往往在长篇大论地表述自己的某一观点后,用"诗曰"如何如何来作为总结。例如,在阐明"以力服人者,非心服也",而"以德服人者,中心悦而诚服也"的道理后,孟子引证道:"《诗》云:'自西自东,自南自北,无思不服'。此之谓也。"(《公孙丑上》)

(2)因势利导法

当直接摆明主张对方不易接受时,孟子便采用因势利导法,引导对方顺着自己的思路走。齐宣王向孟子询问什么是"王政",孟子告诉他,"发政施仁",必先考虑到鳏、寡、孤、独这四种最需要关怀、帮助的人。宣王口称"善哉言乎",但又以"寡人好货""寡人好色"等种种借口拒绝实行。孟子并不是直接反驳宣王这些明显不成立的借口,而是先指出"好货""好色"并不是什么大不了的毛病,历史上的圣贤如公刘也"好货",太王也"好色",但只要宣王您也如同他们一样,与百姓共同"好"之,同样可以实行"王政",平治天下。(《梁惠王下》)这种说理的方法,正如赵岐所评论的,"夫子恂恂然善诱人",能够收到很好的效果。

(3)请君入瓮法

孟子与人论辩,并不总是以正面摆出自己观点的方法,迫使对方就范,有时也巧设机关,诱使对方一步一步地进入自己所设下的陷阱。他向齐宣王说明君主如不能治理好国家,就必须下台时,先不直接挑明观点,而是问:您怎样对待不守承诺的朋友?宣王回答:"与他绝交!"进一步问:"您如何处置不能管好下级的官吏?"回答:"将他撤职!"最后再问:"假若一个国君治理不好自己的土地民众,那又该怎么对待呢?"一下子便将宣王逼到无法正面回答的绝境,只得"顾左右而言他"(《梁惠王下》),而在内心里,却不得不承认孟子观点的不可动摇。

(4)欲擒故纵法

先使对方放松警惕,消除其戒备心理,采用迂回曲折的论辩方法,使对方最终接受自己的观点,这是一种高级的论战方法。请看孟子对这种战法的精彩运用。

齐宣王问孟子:"德何如,则可以王矣?"

孟子答："保民而王，莫之能御也。"

宣王又问："若寡人者，可以保民乎哉？"

孟子答："可。"

这里孟子首先以承诺宣王完全可以"保民而王"，来消除他的戒备、抵触情绪。接下来，孟子又举出宣王怜悯用于祭祀之牛而用羊代之的事实，来奉迎宣王具有"不忍之心"。宣王十分得意，马上自我表白起来。但孟子又指出，以羊易牛，这表明大王您的"不忍之心"尚不彻底。这样委婉的批评，使宣王听起来十分舒服，笑着说："经您这一讲，我有点明白了。"孟子趁热打铁，又提出一个问题："假若有一人向您报告，说他的臂力能够举起三千斤重量，却拿不动一根羽毛；他的目力可以看清细小的绒毛，却看不见成车的柴火，您相信他的话吗？"宣王应口而答："不相信。"孟子抓住时机，向宣王讲解"不为"与"不能"的区别，指出您行仁政，并非"能不能"的问题，而是"为不为"的问题。至此，宣王已经完全解除了思想戒备。孟子又进一步点明宣王一心所"为"的"大欲"在"辟土地，朝秦楚，莅中国而抚四夷也"，但他对百姓的态度，却使这一"大欲"不仅不可能实现，而且"后必有灾"。宣王非常焦急地询问其中的缘由，孟子这才正面提出"发政施仁"的具体要求："使天下仕者皆欲立于王之朝，耕者皆欲耕于王之野，商贾皆欲藏于王之市，行旅皆欲出于王之途，天下之欲疾其君者，皆欲赴诉于王。其若是，孰能御之？"至此，宣王完全心悦诚服于孟子的主张，表示："吾惛，不能进于是矣。愿夫子辅吾志，明以教我。我虽不敏，请尝试之。"(《梁惠王上》)欲擒故纵的战法，于是获得圆满成功。

（5）乘虚而入法

在激烈的辩论中，及时抓住对方的错误，猛烈攻击，是一举获胜的最好战机。孟子是这方面的高手，他曾总结这一战法的诀窍，提出"诐辞知其所蔽，淫辞知其所陷，邪辞知其所离，遁辞知其所穷"(《公孙丑上》)，即对于对方偏颇的、过分的、歪邪的、躲闪的言辞，迅速发现其毛病，予以有力反驳。孟子批驳淳于髡，是这种战法的范例。淳于髡问："男女之间，不亲手递接东西，这是礼制吗？"孟子回答："当然是礼制。"淳于髡自以为得计，紧接着提出一个刁钻的问题："那么，假若嫂嫂掉到水中，你用不用手去拉她呢？"淳于髡以为这一下将孟子逼到了进退失据的窘境：如说用手去拉，显然违背了"男女授受不亲"的礼制；如说不去拉，见死不救，更有悖于儒家的"仁政""爱人"宗旨。殊不知这恰恰暴露出他自己只知规矩而不知变通的绝对化弊病和胡搅蛮缠的作风。孟子对此"诐""邪"之辞予以有力反驳："嫂嫂掉进水中，不用手去拉她，这简直是豺狼。男女之间不亲手递接，是正常的礼制；而用手救嫂嫂出水，是变通的办法，二者并不矛盾。"淳于髡还不罢休，继续纠缠："现在天下的人都掉进水里了，你不去救他们，这又是什么缘故呢？"孟子勇追穷寇，将对手彻底置于死地："拯救天下之人，应用'道'，救嫂嫂出水，应用手——你难道要我用手去救援天下之人吗？"(《离娄上》)，将淳于髡驳得哑口无言。

（6）以子之矛，攻子之盾法

用对方的言辞来反驳对方的论点，使其陷入自相矛盾的境地，是论辩中常用的有效战术。孟子对许行农家学派的批驳，便采用了这种战术。许行的门徒陈相向孟子鼓吹农家学派"贤者与民并耕而食，饔飧而治"，反对社会分工的观点。孟子便问陈相，许行的衣服、帽子都是自己织造的吗？锅灶、农具也是自己制作的吗？陈相回答：不是，都是用谷米交换来的。孟子追问："为什么许行如此不怕麻烦呢？他自己制造不是更简单吗？"陈相解释："各种工匠的工作本不是一面耕种一面同时能干得了的。"孟子马上以子之矛，攻子之盾："那么，管理国家的繁重政务，难道是一面耕作一面又能同时干得了的吗？"(《滕文公上》)一下子就将陈相置于非常尴尬的境地，不得不洗耳恭听对方关于"劳心者治人，劳力者治于人"的滔滔雄辩，孟子的社会分工论，在此得到了十分有力的证明。此外，在与告子辩论"性善"问题时，孟子也采用了这一战法。告子以"水之无分于东西"来比喻"人性之无分于善不善也"，应该说是相当生动有力的。孟子十分机智地借用对方的武器，反戈一击，同样以水为喻："水信无分于东西，无分于上下乎？人性之善也，犹水之就下也。"（《告子上》）防守反击，一举成功。

3.《孟子》在文学史上的地位

孟子以"能言""好辩"著称于世，记载他精彩论说之辞的《孟子》，因而在中国文学史上，占有重要的地位。

从文章的体裁方面看，《孟子》与《墨子》《庄子》《荀子》一道，成为中国文学史上论说文体的滥觞。刘勰在《文心雕龙·论说》中辨析道："论也者，弥纶群言，而研精一理者也。""论之为体，所以辨正然否；穷于有数，追于无形，迹坚求通，钩深取极；乃百虑之筌蹄，万事之权衡也。故其义贵圆通，辞忌枝碎，必使心与理合，弥缝莫见其隙；辞共心密，敌人不知所乘：斯其要也。"以《孟子》之文体对照刘勰所论，可见其虽未完全成熟，但论说文体之所"要"，如"辨正然否""义贵圆通""辞忌枝碎""莫见其隙"，均已显现端倪，其中不少篇章，如"鱼与熊掌不可得兼""劳心者治人，劳力者治于人"等，已粗具论文规模。

论说文体之内，还可细分种类，刘勰曾列举陈政、释经、辨史、铨文等等名目。而《孟子》诸篇，多以问对、答辩的方式展开论说，表述政治主张，辩驳为其显著特色，因而又可视作中国论辩性政论文的开山之祖。孟子的好辩、善辩，给后世思想家、文学家们留下了宝贵的启示，我们翻阅秦人李斯的《谏逐客书》，就颇能感受到孟子雄辩的余风流韵。汉、唐以后，从属于论说文体之内的"辩"体更逐渐自成一脉，出现了不少名篇佳作。如韩愈的《讳辩》，针对妒贤忌才之辈以"犯讳"为由，反对李贺应试进士（李贺父名晋肃，而"晋"与"进"同音）一事，进行辩驳。文中首先提出"不讳嫌名"（字音近不犯讳）等原则，然后列举周公、孔子等圣贤"作诗不讳""不讳嫌名"作为例证，驳斥群小的荒谬理由，文势雄阔，机锋毕现，称颂一时。与韩愈同属"唐宋八大家"的柳宗元，更是"辩"体高手，他写过《论语辩》《辩列子》《辩文子》《辩鹖冠子》《辩鬼谷子》《桐叶封弟辩》《驳复仇议》等一系列辩驳之文。尤其是《驳复仇议》一文，围绕徐元庆为父报仇，杀人而后自首的案例，不赞成陈子昂先处死徐，而后以合乎孝义予以表彰的自相矛盾的做法，"盖圣人之制，穷理以定赏罚，本情以正褒贬，统于一而已矣"，提出对既有刑法的修订意见，论理充分，驳议深刻，颇膺时誉。宋代王安石变法，遭到司马光等人的坚决反对。针对司马光来函中的"侵官""生事""征利""拒谏"的四点指责，王安石作《答司马谏议书》，逐一反驳。全文观点鲜明，语言犀利，立场强硬，亦为一代名篇。直至近代，又有章太炎的《驳康有为论革命书》，洋洋八千言，广征博引，酣畅淋漓，将康有为的保皇主张驳得体无完肤。韩、柳、王、章诸文，代表了"辩"体论说文的最高成就，而我们若对"辩"体追根溯源，便不得不赞同明人徐师曾在《文体明辨》中做出的结论："其原实出于孟庄。"

从语言文字的表现功力方面看，《孟子》也在先秦诸子中特显优长。孟子不仅擅长论辩，而且在场景描写、人物刻画方面，也每有生花妙笔，令人拍案称绝。《万章上》中写鱼的生动姿态，"始舍之，圉圉焉；少则洋洋焉，攸然而逝"，区区15字，将鱼儿入水之初，动作僵涩，继而舒展自如，最后扬长而去的动态过程，活灵活现地展示出来。《离娄下》中写"良人"的两面嘴脸：在郊外向祭祀者乞讨残汤剩饭，"乞其余；不足，又顾而之他"，一副奴颜媚骨；回到家中又打肿脸充胖子，吹嘘自己如何花天酒地，"施施从外来，骄其妻妾"。寥寥数语，将一个无赖的卑劣下作入木三分地昭示于人。正因为如此，历代文章大家都对孟子的文笔推崇备至。司马迁撰《孟子荀卿列传》，开篇即赞叹道："余读孟子书，至梁惠王问'何以利吾国'，未尝不废书而叹也。"唐宋八大家中，韩愈不仅在"道统"

上以承接孟子自居，而且在"文统"上也明显沿袭孟子的风格，"文从字顺"，"惟陈言之务去"。苏洵称"孟子之文，语约而意尽，不为巉刻斩绝之言，而其锋不可犯"（《上欧阳内翰书》）。"生好为文，思之至深"的苏洵之子苏辙，也对孟子之文的"宽厚宏博"，感佩不已。王安石则赋诗赞曰："他日若能窥孟子，终身何敢望韩公！"（《奉酬永叔见赠》）清代著名的散文流派桐城派诸家，对孟子亦"虽不能至，然心向往之"，其首领人物方苞，称《孟子》之文，"一字不可增减，文之极则也"（《古文约选序例》），"孟子之言，则虽妇人小子，一旦反之于心而可信为诚然"（《读孟子》）。桐城派殿军曾国藩，视《孟子》为古文论著的范例，精选八章置于亲手编定的《经史百家杂钞》之首。近代大学者王国维也说："善哉，孟子之言诗也。"（《玉溪生诗年谱会笺序》）惺惺惜惺惺，好汉识好汉。从司马迁到王国维，古今文章圣手给予《孟子》如此之盛誉，正是孟子其人其书在文学史上辉煌地位的权威注脚。